ВАДИМ ТЕЛЕШ

Стихи

Вадим Телеш закончил филологический факультет Белорусского Университета. Более десяти лет работал актером в минском театре «Живая Планета». Один из основателей и первый главный редактор белорусской еврейской газеты «Берега».

В 2001 эмигрировал в США. Был радиоведущим на русскоязычном еврейском канале. Профессиональный фотограф. Стихи пишет с юности.

*****

...Сказал, и слезы на глаза.
А мне уже, признаться, зим
Больше, чем лет.
И это такой куплет,
Поется один
На разные голоса.
Шарик отрезан. И он летит,
Как говорит
Мой закадычный друг.
И это не вдруг,
А продолженье пути.
Лодка устала скрести
По направленью к волне.
Танцы на воле!
На дне.
Танцы – это такая встряска
Старого лаботряса.
Это такой приют,
Где еще поют,
Но уже знают цену
Сломанному ребру.
И пену
Жуют
Поутру.

*****

Памятуя о рыбе
Из Храма –
Крана
Вода пузырится.
Рано.
Время придет –
Приснится.
Сон – не твоя стихия.
Психиатрия.
Я не один.
Я – три я.
Если диагноз верен,
Таблетку утром
И днем.
А потом
Поверим.
Вы возразите:
Ритм
Не поверяют
Ногой.
Это смешно.
Пределам
Двум на одной
Прямой
Нечего делать.

*****

Где кончаются запястья
И руки текут извивы,
Проливая краску счастья
На печальные обрывы;

Где из самых тонких линий
Дождь выдумывал портреты,
Мне казалось, мы могли бы
Их узнать по силуэтам.

*****

Кофе тянется, как сигаретный дым.
В этом мире
Быть бы всегда Чужим.
Как на пире.
Как на войне.
Чужие
Хоронят павших.
А своих,
Бед не знавших
Телят
Считать не как цыплят
В сентябре-октябре-ноябре.
А ежечасно. Поштучно.

Совесть – это такой товар,
Он как дар.
В нашем дворе,
Чем размашистей лужа,
Тем пространство уже.
И это не хуже
Любой другой геометрии сфер.
Где пропотел,
Там и вырос.
Детские вещи на вынос,
Это такая чушь.
Пока их срастишь, сошьешь –
Век проживешь.
И не жаль.

Скрипочки, что когда-то пела
Вечность
На старом крыльце
Все меньше.
Не распускать бы дым
Всем ветрам
На блюде.
Хранить бы в сосуде.
Каждой затяжке – счет.
Небо – это зачет.
Крошки на пол –
Экзамен сдан.
О это уже стакан.
Кофе пить из таких посуд
Можно только в вагоне
Но тут
Не подают.

Проводница в румянах
Ушедших веков
Не знает маршрут
И пишет, и пишет в блокнот
То ли стихи, то ли счет.
А кофе не ждет.

*****

Представь меня на крыше.
Легкий дождь.
Смеркается как будто. И чуть слышно,
Вдруг ты идешь.

И я, тобой застигнут,
Тихо замер.
Стою... Минуты гибнут...
Свет от камер...

Пора. Шаги твои уходят.
И над ними
Смеркается. И дождь меня находит,
И мы с тобой под каплями одними.

*****

Вместе шли по мосту
Сквозь волны тумана и света.
Плащи уронив в пустоту,
На город, оставленный где-то.

У скошенных кем-то углов,
И писем, не брошенных в ящик.
И не было слышно шагов.
Ни наших, ни уходящих.

*****

Я круг писал, оказалось – глаз.
В нем стрела. Вот и весь рассказ.
Стори о том, как могло бы стать,
Если б не круг и не зуд писать.

Нам заодно никогда не плыть.
Стори о том, как могло бы быть –
Только проекция дримс на ось.
Стори о том, как не задалось.

Думаешь, мне самому легко
Тонких линий вести рассказ.
Сей историей молоко,
Кипятком заливает глаз.

Вот и все. Остается смок.
Эха круг обойдет века.
В стори мог быть какой-то толк,
Захмелевший от молока.

*****

Косится все: и дождь, и почерк,
И одиночество на пачке
Отвоевало пару строчек
И пару капель на удачу.
Косятся стены. Город нежно
Освобождает руки улиц.
И ночь ложится безмятежно,
Никак собой не налюбуясь.
Шипит усталая резина,
И ускоряется дорога.
Мы водку пьем из магазина,
И одиночество – от Б-га.

*****

Время: суть — проникновенье,
Тонкой зыбью по воде,
То ли памятник движенью,
То ли повесть о себе.

Не одной хромою кошкой
Перемерены углы.
Время — старая дорожка,
Все обвалы, да валы.

Только память лоскутами
(Каждый тоньше и светлей)
Возвращается за нами
И ложится у дверей.

— Умоляю, не купейным,
Только в давке, у своих,
Где за звездочкой в портвейне
Волочится жалкий стих,

За дырявою косынкой,
В рыжем лампочки кругу,
Может лентой, может дымкой
Улыбнется на бегу.

*****

Нежность слов перед дождем.
Тихий Бродский за углом.
Где-то лампочки горят,
Вечность просится назад.

У незапертых ворот
Друг не спит и не зовет.
Ветер пробует струну.
Звук печален.

*****

Отвечает мне город взаимным отсутствием чувств.
Одинокие строчки, как плечи сутулых прохожих.
И сосут фонари бесконечную ночь его уст,
И кончаются улицы там же. И утро все то же.

Не проходит бесследно зима. С каждым годом острей
Мы вонзаем в несчастное небо антенны и шпили.
Тротуарам противно от ног, а глазам от огней,
Мы уходим от тех, что давно уже нас разлюбили.

*****

Я заплетал волос твоих ручьи
И голос твой, ни с кем не совпадая,
Куда-то звал последние лучи,
Дразня, и ничего не обещая.

У шторы, недоверчивой к словам,
Прощались и заканчивались звуки.
Мы что-то подбирали по углам
И по слогам готовились к разлуке.

Памяти Пинхаса Бобровского

Унылый день. На проводах
Оркестр тихих голубей
Сложился в ноты. Даль в стихах
Кому-то кажется светлей.

Промокли стрелки. Блюдца круг
Уже сжимается у чаши.
И вырывая пульс из рук,
Бросает в свет перловой кашей.

Носки ботинок сквозь туман
Плывут, дорог не узнавая.
И только в незакрытый кран
Хрипит вода, не затихая.

*****

Трясущиеся руки мяли ветер,
Но скрипка, мягко обходя длинноты,
Не понимала старости. Как дети
Смотрела вопросительно на ноты.

Трещали клавиш острые аккорды,
По пульсу подбиравшие звучанье.
Текила заливала бутерброды,
Но находила больше пониманья,

Чем танец жалких рук на инструменте.
Стелился пар известного вокала.
Застыл старик, как будто в киноленте.
И скрипочка хозяина прощала.

Цвета Евы

Памяти Марины Цветаевой

Тонкие губы хрустнувшей коркой
Поджаты.
Тихою болью, лимонною долькой:
– Не виновата!

Дом – Цвета Евы,
Северной девы,
Меньше стараний.
Дни нашей жизни –
Вера Отчизне
До закопаний.

Катятся к черту
Рыжей когорты
Черные шляпы.
Нас не коснется,
Не отпоется.
– Не виноваты!

Царским потомкам
Хлеб по котомкам.
Запахи мяты.
Гордых гноили.
Все разлюбили...
Север проклятый.

*****

Я на все голоса, во всех лицах сразу
Крикну в мир, что тиранам – пропасть.
Что петля – это только начало фразы,
Что набросок, это еще не повесть.

Что подать голодным, важней указов,
Кипяток на Севере долго стынет.
Что пускай на выбор любую фразу
Своей мерзлой лапой на метр сдвинет.

Что уже не шпалы кладут под рельсы,
И века не смоют берцовой кости.
Что когда зудит, сам бери и целься,
Что рука дрожит не от лет, а злости.

Жалок тот, кто ночью, чураясь ближних
Фар огней на машинах встречных,
Тянет баб за полы рубашек нижних,
Уводя с путей городских и млечных.

Что уже не дни волокут на блюде
И судить натуру – синдром болезни.
Что мозги похожи на жидкий студень,
Если в них не вложишь ни гимн, ни песни.

*****

Я – дома, если грусть по всем ветвям и крышам,
Сырой и теплый день закончился дождем.
Я чувствую, как Б-г вздохнуть тихонько вышел.
И падает туман. И мы стоим вдвоем.

Он пьет восьмую даль – по озеру за вечер,
И я не ухожу, хоть сонный и устал.
Клубится теплый пар и падает на плечи,–
Не бросишь Одного. Я зонтик разобрал.

*****

Когда на улице холод жуткий,
Сердце меряет промежутки,
Переходя от ударных к струнным,
Тайну нот объявляя шумно,
Словно выигравших в лотерею.
От нулей хорошо потеют
Те, кто к проигрышам равнодушен.
Мир бумаг до смешного скучен.
Говорят, на старости легче думать
О пустом изяществе дамских
сумок.
Эту истину знают клерки.
Скоро вступят в игру тарелки.
Чистый голос высокий. Детский.

Разговор оживленный, светский.
Звезды, брошенные на кон.
И закончит, пускай, тромбон.

*****

Кофе скис. А судьбы косяк
Как-то держится на костях.
Проклиная шагнувших вниз,
Солнце щурится на карниз.
Высекает из рельсов джаз,
Поезд тел, не нашедших нас.
И кондуктор ногами – топ:
Предъяви пальто в гардероб...
Я ложусь. Я устал. Я – спать,
Не будить, не встречать, не звать...
И дымком из окошка в дом
Заползает последний ком.

*****

Люблю тебя, Сальери, хоть и страшно
Предчувствие развития ролей.
Где капля изумруда не напрасно
Повиснет в паутине фонарей.

Все блюда на местах. Смешно и думать
Принять и выпить жизнь из тонких рук.
Что по себе оставлю? Только сумрак,
И ты в слезах, мой одинокий друг.

Ты не убийца, милый мой, я знаю.
Из тех же нот и счастье, и позор.
Люблю тебя! И чашу поднимаю:
– За музыку!.. За вечность!.. За простор!..

*****

Тайна простой доски,
Примененной к делу
(к той же глажке)
От простой рубашки
Пришедшей к телу, –
Помнит тепло руки,
Сотворившей лес
(рубанок или топор,
весь тот вздор

с нарядом,
а потом с обрядом).
Тело теряет вес?
Такое пустое кино.
Хочешь, возьмем билет,
Нам размажут свет
По хребту луча,
А у нас ничья.
И твое вино
Кислое все равно.

*****

Тротуары под снегом мертвы, но
автобусы ходят,
Мокрой цепью колес сводит
сонные мышцы мостов.
И торчит минарет торжеством
побеждающей плоти,
С необрезанной шапкой —
мишенью для злых языков.

Тема зимнего вальса не знает ни
сна, ни пощады.
Сигареты мокры, но упрямство
рождает дымок.
Тихий город ворчит и скребет
одиноко фасады,
И рука опускает окурок в
бездонный зрачок.

*****

Ветер здесь. Не за стеной,
А в стене. Прости, – во мне.
Ветер – цена пути.
Хочется жить. Идти...
Смешно.
Просто жить...
Темно.
А потом –
Занавес под окном.
На окне. Во мне...
Нет. Смерти нет.
Правды – нет.
В смерти правды нет.
Как рассыпались звуки.
Ноты, руки...
Они же – крылья,
Когда любил я.
Прости
Мне запыленность фраз.
Страданье не лечит глаз.
Сколько нас
Плакало от любви?
Мне смешно.
Прости.
Я мог бы поднять кулак,
Навести
Прицел.
Я умел.
Впрочем, увидеть прах –

Просто страх.
Расчетливый страх руки,
На курки
В долги
Загоняющей палец.
Пистолет – скиталец.
Свет псалма из пули.
Опять надули.
Жизнь – смешна.
Свежа
Авантюрой,
Сходством с натурой
(так появились деньги,
Банки, стенки...
Но это пенки).
А я – о вечном.
Стежке сердечном.
Не рубец, не петля –
Крой шитья.
Край – крой,
Раны крой,
Жизнь...
Такой
Простецкой балладой
Роман закончить. Ту матч.
Толмач
Эту заразу
Обратит
Во фразу.

*****

Жизнь выходит из нас не сразу.
Кофе в чашке застывшей массой.
Выдох зимою кажется жарким,
А вдох – жалким.
Солнце в кровь ледяной иглою,
И Б-г с тобою.
Шарф на шее не греет сумрак.
Слишком много скопилось сумок.
Жаль, конечно, не чемоданов,
А мертвых планов.
Новых уже ни родишь, ни
выжмешь,
Поделитесь яблоком с ближним.
Или с ближней.
Я ни к кому не прошусь на ленту
Общих воспоминаний.
И не приму ни ту, ни эту
Жизнь.
И себя не приму за то,
Что живу в пальто.
На кораблик сойдя бумажный,
Мне не кажется берег страшным.
Просто вырежу на весле
Что-то нежное. Как и все.

*****

Поэту, чтобы замести следы,
Это как ветер просить обратно
Вернуть веревкам белье в ряды
И листья в веточки аккуратно.

Поосторожнее! Сбиться в круг –
Только охотника сбить со следа.
Снайпер очнется однажды вдруг,
Что целит всегда в своего соседа.

Рыбам жиром прожжённых лет
Опыт не кажется чем-то ценным.
Ни от одной из полсотни бед
Ты не захочешь сойти со сцены.

Бросить все и в слепом углу,
Где не найдут ни лучи, ни зритель
В почку лет завести иглу,
Как какой-нибудь небожитель.

И не дрожать. Не трясти плечом,
Не высматривать глазом
страшным.
Все прямые скорбят о том,
Что не встретились во вчерашнем.

*****

Жизнь – товар штучный,
Каждая на учете.
Не положишь в брючный
Карман в расчёте
На некий случай.
У мужчин и женщин
Открыта дверца:
Стреляет печень,
Сдается сердце,
Но будет лучше…
Мы верим дикой
Легенде древней,
Исходим криком
(а кто-то – пеньем),
И держим пики.
На них – мгновенья.
Когда бросает любовник чуткий,
И все застыло, не сдвинуть с места,
Учишься попадать в промежутки.
От окна до кресла
Два шага мелких.
Но теряешь годы,
Пока осилишь.
Стынет каша в твоей тарелке,
Жизнь уходит.
А ты не видишь.

*****

Нам слезы обещают встречу, а
туманы
Тепло ночлега.
И выступают океаны,
За нами следом...

Зачем бежать и надрывать
дворнягам
Живот погоней.
Земля растет. И нож зигзагом,
Что кисти больно.

И пусть зализывает время
С души, как с сажи.
Кого накроет белой пеной,
Кого помажет.

А вечер... он и так распорот
И нет прощенья.
И черным флагом в небо ворот
До помраченья.

*****

Плащ только линия спины,
Бедро, украденное в складках,
И в этих чувственных повадках
Знакомый краешек вины.

Вина? В такую мерзопакость
Предпочитаю сок покрепче.
Давайте где-нибудь за встречу
Вкусим какую-нибудь благость?!

Сдадим зонты, забудем струи,
С окон смывающие люстры.
И я Вам что-то наколдую
В порыве похоти и грусти...

Плащи кончаются спиной,
Дождем спускаются к обрыву.
И все как-будто справедливо,
И все как-будто не со мной.

*****

Ну вот и хорошо. Стрелу вонзая,
Ты придаешь абстрактности прямой
Границу точки. Этот вход от рая
Теперь принадлежит тебе одной.

Забудь ключи. Где хочешь. На комоде.
Под ковриком. В сугробе. На печи.
Размажь меня по каменной породе,
Закрась в мой рост на доме кирпичи.

Наполнись болью. Пусть не остановит
Ни снег, ни распроклятое такси.
И если мир такой любви не стоит,
Разрушь его. Забудь. И не грусти.

Черное пальто

Текла река. Поток не относился
К кому-то лично. Просто на ветвях,
Таких же черных, черное пальто
Повисло.
Глаз, смотревший в небо, зацепился.
Найдя ли там великое Ничто,
А может быть, в мечтах.

Но он остался. Человек ушел
(Куда-то по делам, возможно, к Даме).
В машину сел. Уехал на трамвае,
Поплыл, заснул... Явился на укол,
Остался замерзать на тротуаре,
Покрытом снами...

Не имеет смысла
Пытаться разгадать чужой сюжет.
Кто знает правду? Может быть ответ
И не один. И рана несерьезна.
Но некий господин решил, что поздно.
Что он устал. Что пауза повисла,
Что глаза
Итак на небе.

Черное пальто.

*****

Нет, ты была не музыкой, не цветом.
Мешая краски, путая с тобой,
Входила вечность черным силуэтом,
А может быть, – пространственной дырой.

Ты не хотела песен. Я не знал их.
Ты не скрывала холода. Я мерз.
Луна касалась правильным овалом
Твоих неразукрашенных волос.

Ни на одном не задержавшись снимке,
Оставив плату мокрого окна,
Ты уступала ночи в поединке,
И день не мог достать ногами дна.

Плохой пловец, уж обречен на проигрыш,
Он покорялся, милости прося.
Мы вместе понимали: ты уходишь,
Все краски за собою унося.

*****

Пространство пропускает через сердце
Поток машин. Но боль не отпускает.
Усталое, на ветках виснет время,
Как старый снег. И капли, замерзая,
Последний взгляд бросают фонарю,
Хоть он не видит. В этой тишине
Накинуть петлю было бы уловкой,
А смерть не принимает шарлатанов.
Спасают сигареты. Каждый дым,
Как новый вдох. И воздух,
Проходит незамеченным, как дело,
Кому-то причинившее добро.
Но дым рождает мысль, а ветер – строчки,
На серый снег заносит белый стих.
Пространство распускается, как почки,
И, может быть, рождается из них.

*****

Со всех живущих в мороз зачем-то
Сползает шкура.
Эта пошлая процедура
Раздражает, как кинолента.

Гвоздь, входя, ненавидит доску,
Но, бросая себя с обрыва,
Приобщается к парадоксу:
Жизнь до шляпки несправедлива.
Доверяя себя воронам,
Мне не кажется посторонним,
Что, от холода застревая,
Слово как бы не умирает.

Представляя себе постскриптум
(Хоть бы тихим был, а не хриплым)
Я скажу, что зима, как лужа,
Только — хуже.

*****

В каше размазанной вишня
Кажется лишней...

Пальцы касались щеки, возвращая тепло.
Вой паровоза и шорох последних
прощаний.
Жизнь собирает бутылки пустых обещаний
Ржавые стрелы разводят пустое стекло.

Время играет листами, желтеют страницы,
Слово сгорает и старится книжная вязь.
Просится нитка в клубок и железные спицы
Тянут из кружев и петель забытую связь.

– Что на обед? – В пансионе надежды
тарелок
Будут оправданы всеми и каждым вдвойне.
Смех ненадежен и кашель сухой
напоследок,
Много салфеток, кровать и подушки в вине.

– Простите мое любопытство, Вы только
оттуда?..
– Как там дороги?.. – А рынок?.. – Готовы ль
к войне?..
– Здесь замечательно! Что Вы!.. А нянечка –
чудо!..
– Это, простите, повидло? Добавьте и мне!..

Небо, как деньги, касается каждого лично,

Небо темнеет и, кажется, прячет лицо.
Что мне сказать? – Мне не больно. Мне
просто отлично.
Катится по полу память, как будто кольцо.

Памяти Л. П.

Стояла, чистила машину.
Был ветер. Птицы бились в лед.
Коса была наполовину
Бела. А снег – наоборот.

Тепло имело форму ямы,
Заброшенной кусками сфер.
Два тела плыло между нами,
Две мокрых нити – между тел.

Сирень жила не по закону.
Посередине тишины. Глазами
вдаль.
Кустами к дому.
Цветами мертвыми – в Февраль.

*****

Жизнь сухой стеной воспаленных век,
Так хотя б сегодня ты мне не снись.
Из мотка веревки руками вниз
Вырастает нитка иглою вверх.

На ладонях крошки с глазами птиц,
Золотые кольца за каждый год.
Два высоких солнца, сбежав с ресниц,
Задохнулись шепотом: «Можно взлет?»

Санитар с ведерком закрасит шов
Уходящей линии полосы.
И в прозрачной вазе вздохнут листы,
Обводя пунктиром следы цветов.

*****

Лучшее средство от боли –
Не пуд соли.
Даже и близко не
Грусть, съедающая обоих.
Падающая в цене
Недостатком воли.
Птица приснилась мне,
Плачущая на воле.
Я так случилось, не
Партнер ей в безумном сне.

Тем же и там же впредь
Лучше не досмотреть,
Выйти из зала на
Каком-то отрезке сна.
Это не та цена,
Которую мы платили
За то, что были.

Хочешь коснуться плеч,
Сиречь –
Хочешь лобзаний
В кресле и на экране?
(Такой незаметный штрих –
На троих).

Делят гречанку
Века, кровь и стихи.
Были б у нас грехи,
Раздавили б банку
Того, что горит
И роднит,
Но не сближает.
Хотя – кивает...

Я здесь подумал – давай
Соберемся в отпуск.
На одной полоске
Нарисуем рай,
И забытых нас –
На другой.
В этом и шик:
Запас
Добра кончился за тобой.
Хоть в крик
Разбейся
Лестница и отдел
Частных дел.

Так что лейся,
Знай себе
Наливайся,
Что горит.
Сближайся
На чем стоит
Этот кит.
А нам
Хватило ста грамм.

*****

Под вечер, силясь разобраться в чувствах,
Петляя от надежды до тоски,
Вдруг чувствуешь, что оба, в общем,
грустны,
И оттого, наверное, близки.

Что вечер — не пора для разговоров,
Что он, как сторож в парке городском,
Отваживает поздних визитеров,
Скрепляя петли ярусным замком.
Что, кажется, надежды было больше,
Хотя к утру запутается счет.
Что жизнь на нитке с каждой строчкой
тоньше.
Когда-нибудь она ее порвет.

*****

Котенок черный ночью пробовал тротуар.
От холода и нетерпенья дрожали лапы.
Под окном набирало скорость авто.
Поздно возвращался художник,
Выжатый девой.
Тишина
Никак не могла уснуть,
Ворочалась с боку на бок,
Считала убитых.
Вспоминала добрых.
Смех внизу подбирался,
Заглядывал в рукава.
Но куртки были пусты.
Как окна,
Как глаза,
Которые изменили.
Жизнь есть право
Забыть.
Вечность полюбит всех.
Слезы, разбитый висок,
Я и ты
За тысячу океанов.
Но разве мы живы?

*****

В город, который меня не принял,
Миру, который меня отринул,
Я не выкрикну благодарность.
Пусть забудет меня, как данность.

В этом слышится гордый Фатум.
Забываешь себя, как атом,
Пусть считается просто фактом,
Разделенным наполовину:

Этот город меня отринул.
Ни людей, ни огней не жалко.
Прояви-ка свою смекалку:
Нарисуй на песке русалку,

Помолись на далекий остров.
Из бутылки записку выкрасть
Для кого-то, возможно, хитрость,
Для изгнанника почта – дикость,

Здесь давно не звучала проза,
А на деле довольно просто,
Мхом покроется старый остов,
Вспоминая, что не сложилось.

*****

Секунды шли. Но были
неподвижны
Минуты и часы. И эту странность
Борцы за календарность
Звали жизнью.
Народ густел, как мед, как тишина.
Лавина, уходившая в желудок,
Тяжелым эхом булькала от шуток
И, серая, пузырилась слюна.

Мы больше не вернемся. Стрелки
остры.
Ворота узки. Ржавая рука
Через секунду выпустит зверька
Из синей не отмерянной полоски.

*****

Ты научился выживать. Зачем же
Ты не научился жить?
Мешки пустые заполняет ветер
И делает похожими на чаек.
Гертруда держит бодрое лицо,
Роняя в ложе капли, будто яд.
Часы на кухне третий день стоят,
И где-то в батарее мерный стук
Уныло возвещает смену суток.

Вышагивает розовый солдат
В бумажной форме. Мир его
Прекрасен. Но ты на кухне
Видишь только кран,
Текущий одинаково холодным.

*****

Легко в морозной тишине,
Где девушки на полотне
Напоминают гимназисток.
Где ветер в трепетных ресницах,
Печаль далекая на лицах,
И ты скучаешь обо мне.
Я еду.

*****

Нота печальна. Тишина скромна.
Ночь сползает в бокал вина.
Соловей терзает не слух, а нерв,
Чем приводит в бешенство сонных дев.

Тихо лает над мышкой кот,
Оба знают, что все пройдет.
(Ей-то что, а коту – обед,
Черен он, или света нет).

Незатейливая любовь
Превращает рога в морковь.
(Перед сном ее погрызи,
Погляди на любовь вблизи).

Белой скатертью и вином,
Забавляя себя пятном,
Заполняя тобой уста,
Понимаю вдруг, что устал.

☦☦☦☦☦

То шланг течет, то мысли, то судьба.
То снегом покрывается трава,
То пеплом. То рука
Невидимого трогает зверька;
И темнота тревожно щурит глаз,
И ночь плетет историю про нас.
Недалеко. Две нити, два угла,
Две пропасти от гения до зла,
Две боли. Два порога у души,
Два голоса. Два колоса у ржи.
У боли геометрия проста:
Два метра, два квадрата, два листа.
Прямоугольник опуская в круг,

Два троса, но четыре пары рук.
Нескладная пропорция кричит,
Когда одно лишь сердце замолчит.

*****

На улице, где мы с тобой расстались,
Жизнь, – все то же.
Люди и асфальт,
Деревья, окна, голуби и парк.
Но мне тревожно.
Вижу, как в кино,
Все движется: машины и лучи,
Прохожие, их спины, голоса.
Я больше не внутри. И странно
Наблюдать живое со стороны.
Я плачу.
Но не нахожу
Сочувствия к слезам.
Мы незаметны.
Нас не узнают.
И я, как капли,
Делаюсь прозрачен
И тоже через улицу теку.
Был дождь, но вышло солнце. И тепло,
И весело на сердце у прохожих.
Я жизнь свою вдыхаю тяжело.
И собираю каплями на коже.

*****

Вечером возвращается тайное.
Жизнь, приспособленная под чудо,
Отторгает смысл. Печальное
Отовсюду.
Желание, как живая речь.
Как ночной трамвай
По реке. Как в печь
Брошенное: «Прощай»,
Как судьба, не знавшая индюка,
Как губы на два замка, —
Кажется странным.
А ночь — обманом.
(Вспомни себя в гостях.
Это и вправду так:
Мир — огромен,
Печаль тонка,
Разум скромен).
Бежит река.

*****

Я взял с собой Бетховена. Мы вместе
Брали мост, усильем струнных.
И, обрывая ноты на разъезде,
Сходились снова клавиши на Лунной.

Мы вместе гнали музыку в дорогу,
И плавя одиночество о камень,
Мы каждым звуком обращались

к Б-гу,
И Он... внимал нам...

*****

Ах, Апрель-акварель.
Воробьи в Луну кричали.
Полный шар ее печали
Опускался на постель.

Сердцу некогда вздремнуть.
Белой простынью страница
Заполняет лунный путь...
Это строчкам автор снится.

*****

Играла мне на мандолине.
И молоко, сбежав с плиты,
Казалось облаком в пустыне
Кошачьей сбывшейся мечты.

Водою относило звуки,
И молоко, в который раз,
Спасало ищущие руки,
Соединяя их за нас.

* * * * *

Здесь сыро. И печаль темна,
Как будто капелька вина.
Зажат диван до пустоты
И сердцу страшно темноты.
Закат ползет за горизонт,
Как сжатый за губами рот,
Как раб, ушедший на ночлег,
Как лошадь, пущенная в бег.

Трамвайчик детский все быстрей.
Вино теплее. И темней.

* * * * *

Категоричность страдает пустым листом.
Тишине в душе не хватает звука.
Ночью снится лес. Незнакомый дом.
И глаза, в которых всегда разлука.

Днем в пустой машине, закрыв окно,
Ты кричишь до боли слова из песен.
Разрывая желтое в круг пятно,
Примеряя мысль, что маршрут известен.

*****

До вечера ветер
разносит стрелы.
Время – капелькой на краю.
Все, что выдохнуть не успело –
Костью календарю.

Я в подарок тебе, как мелом,
Обвожу у дверей круги.
Чтобы прошлое не темнело,
Возвращая твои шаги.

Ни единою строчкой вены
Не пытаясь достать иглой,
Лишь рукой вспоминая стены,
Заколдованные тобой.

Играя Бродского

За блаженство ног
У травы в плену,
Потяну дымок,
Закурю одну.
Перестанешь сниться
И уйдет вопрос.
Улетают птицы,
Остается хвост.
На гитаре трынькну,
Оборвется звон.
Мой сосед под дыньку
Разольет крюшон.
Из тоски не выжать
Прошлогодний сок.
Отчего ж не выпить
За тебя, дружок?

*****

Из комнаты выпущен разом звук,
Воздух пуст, как живот старух,
Из сирени выходит дух,
Как недуг.
Пальцы, пылью стола скользя,

Сознают, что усилья – зря,
Что порядок вернуть нельзя,
Растворяется все и вся,
И рука – бессильна.
Что из чашек теперь не пить,
Что приходится как-то жить,
Что не склеить того, что – бить,
Только зеркалом отразить,
Как на небе – сине.

Возвращая ему печаль,
Как слова с одного ручья,
Вытекает душа, ничья,
Но пускай, обильно.

*****

В синей дымке казалась странной
Расплетенная ткань крыла.
Синей бабочкой в сок сигарный,
Растворилась, а не вошла.

Бились рюмки о чьи-то мысли,
Пальцы синие в потолок.
За туманом скользящей жизни
Ты искала ее порог.

Плыли дамы в вечерних платьях,
Кто-то тускло читал в углу.
Синим цветом качнулось счастье,
Насыщая не глаз, а мглу.

*****

Я гасил стеклом сигареты-стрелы,
Видел черных птиц на высокой
крыше.
Мне далекий синий казался ближе,
Чем в одной руке одинокий белый.

Изгибаясь, пальцы водили углем,
Опускалась ночь, повинуясь
птицам.
И пугаясь тех, кем уже не будем,
Разбивался луч, попадая в лица.

*****

Смеркается. И тьма приходит снизу.
Твое окно стремительно растет,
Затягивая стены и карнизы.
И нас, и эту улицу, и год
Влечет в одно окно, в одну эпоху.
И в старой раме, полной тишины,
Мы возвращаем прошлое потоку,
Которому мы были неверны.

*****

Что сказать о свободе?
Что проходит.
Что пальцы болят
Писать. Что ряд –
Идеал для точек,
Убивший почерк.
Грусть есть груз,
Чей вкус –
Сильнее обеда.
Где-то
Застряла Лета;
Страдает Света,
Для рифмы
Взятая в нимфы.

...Глаза твои влажны,
Губы тонки. И хрупки –
Плечи, обещая звуку
Продолжить вечер
В чем-то вечном.
Неважно,
Какую исполнить муку
В реке мелодий.
Ведь мы уходим.
И слова – трава;
Не подходят.

*****

Молчат. И все летит к чертям.
Твоя прическа пополам
Соединяется узлом.
И дня печального излом,
И вечер под прямым углом
К тяжелой шторе.
Молчат. Часы твои стучат,
Минуты воспаряют над
Волной на море.
Прости им. Стрелки не со зла
Меняют стороны угла,
И ночь над вечностью прошла
В дозоре.

*****

Сперва показалась твоя рука,
Цепочка в форме цветка,
Часть лица и далее весь овал.
Я, как будто пленку, тебя снимал.

От угла до линии, где портрет
Совпадал с хозяйкой, делился свет,
Вознося детали, кружа дневник,
Со страниц которого и возник.

Собирая творчество из лучей,
Зарождалась правда простых вещей,
Чьею сутью жить и вникать в слова
Нам была начертана вся глава.

*****

Трупы, что на жаре
Недели висели,
Скрипели шеи
И вились птицы, –
Свернулись в листья.
По той поре
Я полагал и тени,
Тебе говорящие,
Тоже,
Лишь зудящие
Листья сомнений,
Из волос вьющие
Гнезда песен твоих.
Все же
За них
Говорит и стих,
И стиль.
Лучшие
Я простил.

На галерах рабу,
Два месяца – и рагу.

Не подгребай,
Считай
(Горизонт
И живот
Не в счет).
Дотянуть

Не тщись.
Как-нибудь.
Молись?
Письма таких минут
И широт
Не дойдут.
И прочтет
Их не тот,
Кто не ждет.

*****

Деревья просты и опрятны.
На улице полдень и зной.
В комнате нашей прохладно,
И ты у мольберта спиной.

Твой волос седеющей нитью
Обводит меня и окно.
И пальцы, внимая наитью,
Торопятся на полотно.

В подсмотренной где-то картине,
Под волн неокрашенных шелк,
Тяжелое новое имя
Ты пишешь на мокрый песок.

И ноты, застывшие в песне
Еще непроверенных черт,
Зачем-то рисуют нас вместе,
На месте, в котором нас нет.

*****

Уходила молчаливо.
Оставляя часть волос,
Платье, пальцы. Поцелуи.
В белом блюдце абрикос,
Чай на дне холодной чашки.
Все в одном колодце
Черном.

– Глаз, которые могу я
Поместить в окно, и небо
Их назад не отвоюет,
Глаз, которые люблю я...
Мир на дне холодной чашки.
Все в одном колодце
Черном.

– Мне не снятся больше ночи,
От которых мы бежали
По листам, где частый почерк
Разбивался, как скрижали...

– Все шептать, шептать, отчаясь,
Сути слов не сознавая.
Мир, в котором мы встречались
В мертвой чашке остывает.

*****

Пусть ветки дирижируют оркестром,
И тени одиноких исполинов,
Зачем-то оказавшись по соседству,
Бросаются под кости пианино.

Ломая в зеркалах чужие фары,
Пусть стекла имитируют пространство.
Твой голос надрывается недаром,
Стремясь избавить ночь от постоянства.

Я не устал, но, может быть, я болен,
Тоской с тобой неразделенной фразы.
Звук полной ноты был бы недостоин,
Но музыка кончается не сразу.

*****

За годы нашей ряби на просторе
Ландшафт стирался, находя
прозрачность.
А мы, наоборот, теряли зрячесть,
Сгорая, как бы шапкою на воре.

Птицам – перья, людям – пух.

Пришла и вещи собрала.
Все, до крошек со стола.
Воск на полочке стекла
Только пальцем поскребла.

Птицам – перья, людям – пух.

Зачеркни из киноленты
Наших писем километры.
Пыль, не вытертая где-то,
Вот и весь итог сюжета.

Птицам – перья, людям – пух.

Одиночество на слух,
Одиночество без букв.
Одиночество двоих,
Одиночество из них.

Одиночество, как сок,
Одиночество в висок.

Птицам – перья, людям – пух.

*****

Черное упрощает.
Заламывая руки,
К углам взывая,
Мечется синее, припадая,
Разрываясь грозой,
Дождем, пегой коровой.
Карман
Набрасывается на руку,
Мнет, ломает, просит остаться,
Лижет.
Стремительно разрезает
Свет
Глаз, который в долгу.
Крыша
Накрывает двор
Ладонью родителя.
Горечь заливает боль.
Гнев

Собирается в капли.
Жизнь уходит.

Жук ползет по камню, забывая
Линию короткого пути.
Пачку сигаретную сминая,
Тонкое движение кисти
Отчего-то оставляет образ.
Ткань перебирая, тем же жестом,
Вырвавшись из плена простыней,
Вспомнится нелепое, не к месту
Что-нибудь пустое. Свет свечей
На торте. Чья-то шутка.
Мокрая рубашка на плече.
И потом почти без промежутка
Плачущий, срывающийся голос.

*****

Ты в эту ночь свернул и не узнал,
Страницу, за которую ты выпал.
И если в ней сюжет существовал,
То ты его не выбирал. Не выбрал.

Кирпичный дом. И угол, и стена.
Костюм в шкафу. Предметы. Умывальник.
И только ночь – безгласая – одна
И ты в ней только странник. Только странник.

*****

Вода забывает сад,
Город ложится в лед.
Подаваясь вперед,
Уходя назад,
Умирает год,
Как солдат.

Я не за сады с букетом
Разбитых рук,
Но за раны.
Мои карманы
И летом –
Застывший звук.

Из двоих несчастнее – только плут.
За него двух битых дают.
И любовь к тебе, как вину,
Не заглажу, не помяну.

*****

Итак, тебе не все равно.
Напрасно... Птица на столе,
Клеенка, теплое вино,
Зигзаг помады на стекле.
Забытая игрушка, вымпел,
Соседки беспокойной грудь,
Из-за которой вечер выпил,

Чтоб умереть, но ущипнуть.
Я брежу. Бежевый бюстгальтер
Из старой кофточки в огне.
Твой мокрый шепот в ухе:
«Спятил?!..
Назавтра приходи ко мне...»

Зачем на кратком промежутке,
Не дотянувшем нежных нот,
Твои не покидали шутки
Мой перепачканный блокнот?

*****

Сквозь слой стекла, тоску и отчужденность,
По занавеске, грустной от дождя,
Стекался луч. И, не сочтя нескромность
Густых волос и голого плеча
Опасной для себя, – терял рассудок.
Метался, отворачивался, плыл,
Коленной чашкой целил в промежуток
Бездонности, в которую светил;
Раскаивался, звал, просил остаться,
Не трогать ночь... По каплям выводя,
Что если мрак продолжит растворяться,
Несчастный свет переживет тебя...
Я был с ним солидарен, но в гордыне,
Произносил во сне другое имя.

*****

Вечером птицы пели. Были.
Я писал роман в отстраненном стиле.
Про человека. Его забыли.
Какая жалость.
Легче всем раствориться в малом.
Я писал роман, но душа устала,
И, разлив небрежно на два бокала,
Выпил то, что осталось.

Размотать бы вязь на минуты снова,
Превращая дни в урожай Сухого
Франции до сорок второго.
И жизнь — в придачу.
Если нет вокруг ничего достойней,
Нарисуй на ящике подоконник,
Не позволь сгореть со стыда ладони,
Принимая сдачу.

Из картона дом поначалу грубо.
Не подаст мужик, не подставит губы
Дама, чураясь такого сруба.
А все — привычка.
Ни саке, ни виски, ни просто водки.
Раздирает дымом паршивым глотку.
Для чего моря, если нету лодки,
И мокнут спички.

*****

Закрывая глаза, позволяешь
шуметь водопаду.
Принимая печаль в голубиные
кольца ресниц,
Забывается боль. Узнавая
влюбленных по взгляду,
Небо просится вдаль, но всегда
возвращается вниз.

Закрывая глаза, красной бабочкой
видишь прощанье.
Изогнув горизонт тонкой линией
губ или бус,
Забывается боль. Водопад
застывает крахмально,
И слова повторяют тоску, улетая,
как пульс.

*****

По парусине плыли облака.
Зудела кожа на плече (под парусиной).
Скребла по небу смуглая рука,
До дыр завороженная картиной.

Романтики просились на постой.
Гребцы устали. Счастье изменило.
И только небо, ежась под рукой,
Закатом расцарапанным кровило.

*****

Закроется тетрадь. Как дверь.
Как выход к морю.
У берега вода неглубока,
Но холодна. Зима. Судьба героя,
Как вызов ненажатого звонка.
В парадной пусто. Между вами дверь.

Твоя ладонь наполнена словами,
Как снегом. Он растает.
Из гласных небо превратится в стих.
Тетрадь закрыта. Слов не возвращает,
Хотя была задумана для них.
Для вас зима записана словами.

*****

Темнело. Свет не зажигали.
Мешали чай. Чего-то ждали.
И взглядов тайных не бросали,
Но попадались на глаза

Соседям, близким, незнакомым.
Темнело. Ломтиком лимона
Входило Солнце в чай с поклоном.
И приглушали голоса.

Из дали прорастало время.
Прощание смотрело в темя,
И, грезя наравне со всеми,
Дышала жизнь на паруса.

*****

Имея черной точкой на квадрате быть
Рассеянным; имея за собой
Запас таких же точек, – мне
Хорошо! И лучше не сложить
Сей пазл. Лучше не сложить.
Сгорает день на медленном огне.
Как хорошо! В круженье малых тел
Необозрима линия границ.
И я – всего лишь точка, чей удел
Разбавить краску, мокрую от лиц.
Таинственность пугает тишину.
И не одну.

Легка дорога точки в поздний час
Рассеянный! И это не рассказ,
Ах, не рассказ прочитанный, зато
В нем точка превращается в Ничто.
Без гордости за прожитый закат,
Ложится жизнь усталая в квадрат.

*****

Пригибая козыри в рукаве,
Привыкаешь чувствовать только жест.
Человек – это просто партнер в игре,
От которой солнце сбежит на West.

Из немногих слов отмечая взмах,
Даже к паре глаз недоверчив будь.
Потому, что сердце бросает в пах,
Вместо тех высот, где должна быть грудь.

*****

Ты зубрила стихи, полагая прозрачное близким.
Обнажаясь, как слоги, скрывая за скобками грудь.
Бесконечно курила и к морю носила записки,
По которым русалки учили тебя наизусть.

Городок жил приливом и, чувствуя лунные знаки,
Покрывался росой, замирал и бросался в волну.
Море ждало чернил и из рук вырывало бумаги,
Синевой и восторгом питая свою глубину.

*****

Входил, как в гости. Сразу узнавал
По мебели присутствие хозяев.
Садился в угол. Тихо наливал,
Гримасничал под клекот попугаев.

Трещала жизнь из клетки.
Кувырком,
Перемахнув раскрытые воротца,
Зеленым оттопыренным хвостом
Звала за дверь, где оставалось
солнце.

Не слушал. Закрывал глаза. Курил,
Локтями упираясь в то же кресло,
Которое однажды уступил,
Впервые принимая горечь жеста.

А наверху, почувствовав тоску,
Уже спешили тапки, и, сощурясь,
Промахивались светом по виску,
Но руки в темноте не разминулись.

*****

Отраженные в капле, ломались лучи,
Из оранжевых, падая в алый.
Что-то белое черным горело в ночи,
Из которой меня изгоняли.

Из земли прорастала моя голова,
Задевая дома и балконы.
Незнакомые с окон летели слова,
Рассыпаясь на тихие звоны.
Спотыкаясь, сшибая с дороги столбы,
Подгибались тяжелые ноги.
И сочилась вода, заполняя следы,
Превращая в озера дороги.

Пожалей меня, ночь, не тяни, отпусти.
Если снишься, позволь мне проснуться.
Но огромные ноги не смели сойти,
И глаза не могли оглянуться.

*****

Сказать что горечь в небе треугольна,
Что сферы нет. Что мир совсем другой.
Что солнце по столу гуляет вольно,
Затем, что вымыт и вполне пустой.

Что свет его – последнее движенье.
Что брошены бродяжничать углы.
Что ты ушла, лишая направленья
Одновременно солнце и столы.

Что раны – это призраки на стенах
В раме. Под стеклом. В дверях.
Что только стены так же несомненны,
Как пустота за ними на столах.

*****

Четыре на
Четыре в
Прозрачной чаше.
Сходила улица из сна,
На ней стояла тишина;
С годами чаще.
Цветы в воде.

Какая разница словам
Которые придумал сам,
На сколько строчек;
Ты в них царила и жила,
Без грусти, быта, без угла,
Пока был почерк.
Цветы в воде.

Проходит жизнь.
И я, и ты.
И реже между нами сны.
Печальные, плывут мечты.
Четыре на
Четыре в
Воде цветы.

*****

Первым стареет размер рубашки.
Распускаются швы. И дальше,
Разбирая шатры на марше,
Понимаешь павших.

Оттого, что долго в себе копилось,
На душе всегда остается сырость.
И рубашка не износилась,
Но изменилось

Плечо. И это
Уже примета.
Заполняя ночь в ожиданье света,
Вспоминаешь каждый забытый где-то

(Не сразу)

Не рассказ, так фразу.
Доверяя памяти, а не глазу,
Мир, говорящий со всеми сразу

Языком, понятным домам и птицам:
Всякой ткани дано сноситься.
На дописанную страницу
Упадет ресница.

*****

Выключается свет. Это солнце заходит за сушу.
Погружается в звуки ладонь, теплый воздух
скользит
По щеке, седоватую стружку
Подбирая, как ноты, которыми вечер молчит.

Ты дышала туманом, как мост мог дышать
облаками,
Забирая у неба права, укрываясь плащом.
Расстилая шелка, опьянев, возвращалась за нами
Бесконечная ночь. Неотступная вечность вдвоем.

*****

Рождался сон. Как все, на грани вздора,
На грани фола, на конце иглы.
Не пеленой ленивой кругозора,
Игрой страстей, которые все – злы;

Рождался сон-поэма, сон печальный,
Как чувство – нежный, хрупкий, как стекло.
Шептали Музы, оставляя тайны,
Касаясь кожи, под которой жгло.
Летела жизнь в упряжке у обрыва,
Прозрачный разбивался водопад.
Красавица из пены выходила,
Одна из нимф, наверное – наяд.

Заставив колокольца, вздрогнув, смолкнуть,
И струй и струн срывая голоса,
Смотрела жизнь, смотрела, чтоб запомнить,
Смотрела, чтобы высмотреть глаза.

*****

Лишь жизнь на свет тебя произведет,
И время, заострясь, в какой-то точке,

Переломает нас поодиночке,
Но нового предмета не найдет;

Мы возродимся посреди глуши
Какой-то станции забытыми путями.
Куда, сбежав за новыми словами,
Найдем себя границами души.

Не начинай прощального движенья,
Едва покрыв тяжелым снегом сад.
Мы никогда не захотим назад,
И никогда не выйдем из мгновенья.

Я поверну лицом к тебе Январь,
И, каждой веткой чувствуя истому,
Зима, проделав крюк, вернется к дому,
Специально для тебя внося хрусталь

В уютную заставленность берлоги.
И самым белым заметет дороги.

*****

Темнело, словно в даль вонзался день
Последнею стрелой слепого духа.
На тротуаре тощая старуха
Рвала на части собственную тень.

В груди минуты быстро остывали,

Теряя форму. Погружаясь в мрак.
Костлявые ладони растирали
Одновременно вечер и пиджак.

Ты уходила. Просто уходила
По улице, пересекая свет.
Старуха пальцем в воздухе чертила,
Как будто заклиная каждый след.

Как будто не было ни встречи, ни тепла,
Как будто это жизнь моя ушла.

*****

Мы несли на руках корабли
Вместо женщин.
Чтобы мачты не знали земли,
Чтобы в корпусе не было трещин.

Чтобы сердце морское слеза не прожгла,
Чтобы крепкое сердце мужское
Не искало покоя в забвеньи угла,
И вообще не искало покоя...

_____

Передавая вечер, как дитя,
Как форму завершения печали,
Мы никогда ее не принимали,
Пускай, не отпуская от себя.

_____

Лежал в кровати, путаясь в тоске,
Лежал в тоске, которую не сбросить.
И ночь, рождаясь спазмами в руке,
Неумолимо покрывала площадь

Кровати, сердца, памяти, любви.
И встречи, из которой неизвестность
Рождала сладость боли. Из двоих
Уничтожая тонкую телесность.

Не оставляя веры до утра
Уговорить тоску лишиться воли.
Из муки музыки, распоротой на доли,
Сложить в груди мелодию костра

И встречи, из которой неизвестность.

*****

Не остается ни воды, ни соли,
Ни боли, ни надежды. Жизнь скупа.
Парадоксально, находясь на воле,
Невольно превращаешься в скота.

Но мы еще идем под парусами,

На палубе, как на краю пути.
Морская рябь, сливаясь с небесами,
Нацелена на точку на груди.

На океане остаются шрамы,
У самой бездны скрытые водой.
Ночами долго плачут океаны,
Разбитой ураганами душой.
В предчувствии разлуки (или встречи?)
Стихия обращается к своим.
Напрасно волны подгоняют вечер,
Ведь мертвые не сжалятся над ним.

*****

Голову белой кобылы, братцы,
Если не треснет рюмка,
Принимаешь за деву, такая штука.
Естественно, в комбинации.
Мозг всегда был быстрее звука
В галлюцинациях.

С юной силой башкой потрясывая,
В сырой прихожей,
Это дело порой засасывает
Иных прохожих.
Одиночество чиркает и приплясывает,
Как игла по коже.

Оттого вздыхая по старой кухне

С чашкой крепкого чая,
Не желаю слушать, как кто-то стукнет,
Со звонком играя.
Не желая заново этой муки,
Голос твой узнавая.

*****

Мир, тысячами историй разный,
Как на якоре лайнер,
То ли ищет, то ли рифмует фразы;
Почему-то тайно.

Обрывая песню, выходит море
Из себя, как старец.
Раздражаясь, едко с собою споря,
Загибая палец

Приводит новые аргументы.
Потирает спину.
Сердце, выбрасывая потоки света,
Завершает картину.

*****

Вдох выдоха не чаще.
Но чище.
Пролетая долгие тыщи
Океанов и скукотищи,
Просыпаешься в настоящем,
Чувствуешь себя лишним.

Наблюдая, как рвутся нити
На старой пряже.
Однажды
В порыве жажды,
Или открытий,
Чувствуешь, что бумажный.

Что жизнь прошла по углам,
Что сдается крепость.
Что редкость
Не разреветься,
Не пойти к чертям
Не погреться.

*****

В ночь крылом черным вкрадываясь,
Угол прочерчивая острый,
Сны на ходу разгадывая,
Обещала, что просто;

Разлука – это разлука,
Судьба проведет прямее.
Из открытого звука,
Зуммером цепенея,
Замирает трубка.
Лампочка светит злее.

На глаза повязка не туго,
Даль зрачком заливая,
Понимаешь, что грубо,
Но набираешь

Номер. На пульсе пальцы,
Цифры чувствуя без остатка,
Западают от вальса;
В центре ты, как десятка.
(Только не задирайся,
Боль обнимает сладко).

Спину выпрямив к ветру,
Воротника углом в утро.
Серым сжимает клетку,
Как телефон – будка.

*****

Зверем затравленным, путая след
И мебель переставляя,
Свитер на голое тело и сверху плед,
Чтобы не кровь, так шерсть, прорастая,

Кормили тело. Тепла мозг не хотел.
Подмена была изменой. Не было дел
Важных, или хотя бы нужных,
От которых Мужу

Не стыдно в омут не лезть. Здесь
Простое правило павших:
Голову потерявши,
Мирятся с тем, что есть.

Сад полон грозой.
Раковина – посудой.
Я болен тобой
Был и, наверно, буду.

*****

Время – это такая тема –
На море пена.
И ты, Елена,
Не торопись.

С годами нежность густеет в венах,
Пустеет сцена,
Проходит жизнь.

Я выходил на твои подмостки
В затертых джинсах,
В руке букет.
Не было смысла в моих ирисах,
И нет.
Я выходил на твои подмостки
В тяжелом фраке,
Стучала трость.
Только твой глаз догорал во мраке,
И рос.

Я собирал, как поэты рифмы
В каждом кармане твои слова.
Голубь под окнами кашлял тихо,
Плакала теплой росой трава.

Стрелы тонкие старой Трои,
Прикрывали твой путь, Парис.
Время ее превратило в поле.
Время – это не верх, а низ.
Время – это такая тема –
Пустеет сцена,
Проходит жизнь.

*****

Мечта машины – белый след
На небе. Но, оставляя на асфальте
Черный, заламывая зеркала и пальцы,
Ты говоришь отчаянно: «Семь бед!»,
И рассыпаешь золотые кудри,
Как облака просеивают пудру –
На свет.

Движение вперед довольно редко.
Заметно лишь старение.
Но старость – такое измерение,
В котором, лишь вышитая
Временем салфетка,
Как фокус, отработанный годами,
Меняется с хозяином местами,
Скрывая под собою человека.

Купи себе билет в последний ряд,
А сам махни куда-то наугад.

*****

Нет, никогда не будет хорошо.
Твое окно, взлетев сетями грусти,
На самом деле просто решето;
Когда-нибудь оно меня отпустит.

Когда-нибудь я выйду со двора,
И ты, переживя мои объятья,
Распустишь косы, мокрые с утра,
И спрячешься за складками под платьем.

И кисти рук в подарок не приняв,
Тоскливым глазом зачеркнув пространство,
Ты снова соберешь себе из трав
Венок надежды и непостоянства.

*****

Все, о чем ни просил бы я Б-га, —
«Да» — говорил Г-сподь.
Вилась дорога от слога до слога,
И истончалась плоть.

Дети писали закат на дощечке,
Щелкали пальцы о кисть.
Я сочинял о смешном человечке
Истории, чтобы сбылись.

Я подарил ему лучшую Даму,
Из тех, что лишают сна.
Герой оказался мужчиной упрямым,
Хоть Дама была влюблена.

Сердце разбито и пики вопросов,
(Как будто я знал ответ!).
И я записал его в море матросом,
Чтобы попробовал бед.

Холод и ветер, и волны точили
Солью лицо и мысль.
Луна убегала и пряталась в штили,
А в шторме рождался смысл.

И не заметил, когда он отбился
От рук (при крике: «Земля»?).
Но вышел в порту, подрался, напился,
Влюбился и стал, как я.

Несвоевременное вознесение инженера-электрика

Уличенный в ученой степени,
Лег, как шифер на домики летние;
Проповедуя силу тяжести,
Шар возносится от усталости;
Будто веткой осиновой высохшей,
Будто жизнь износил и взашей ее;
Будто в комнате неухоженной,
День перчатку швыряет, как кожу вон;
Заменяя, как в вазе растения,
День субботний на воскресение;
Подбираясь к антенному проводу,
Перепутав кончину и проводы;
Красный галстук по шее, как лезвие,
Замыкает причину и следствие.

*****

Заходила боль,
Как в открытый глаз —
Тоска.
Загляни весной,
Сочиним рассказ,
И приврем слегка.

Небольшой ценитель по части
чувств,
Я готов признать.
Птицы — веточкою из уст,
И пространства — вспять.

Но я вижу рекам, сводя года,
Не вернуться вниз.
Из случайных веток не вить гнезда,
Не писать страниц.

Заходила боль,
Как в открытый глаз —
Тоска.
Загляни весной,
Сочиним рассказ,
И приврем слегка.

*****

Правда кончилась кистью вниз.
Ветер — наволочкой в фасад.
И веревкой пустой провис,
Задувая тень наугад.

До скамейки ступеней шесть.
До качелей ровных шагов
Тринадцать. И можно сесть,
И отдаться звуку застрявших слов.

Вот и ветер с тобой, и, должно
быть, дождь,
И правда твоя проста, как жизнь.
Ее тоже вечером бросит в дрожь,
И ты бежишь

За ней, не сочтя за труд,
Не сочтя
Возможным собрать слова,
От которых капли в лицо не бьют,
Избежав угла.

*****

Ухожу; и дома не запомнят меня,
И собаки мой след потеряют
В реке. И красотка, сгорая, захочет обнять,
Но собьется. Собаки залают,
В тоске. Потеряют мой след и залают.

Ухожу и дорогу свою за собой
Забираю, как старую тряпку

Скупец. Каждый звук возвращается поздно домой,

И ложится в пустую тетрадку.

Каждый звук возвратится в тетрадку.

Песенка Пьеро

Она заканчивает лак

На ногти так,

Как

Если б бой

Вела с собой.

Другой

Не спросит

Ни о ней,

Ни о душе

Ее. Запей.

Запой

О чем-нибудь.

Закрась. Замажь

Ее! Забудь.

Ах, умереть, уснуть. Уснуть!

И видеть лак, быть может?

*****

И музыка была, и зверя
Уже травили. И тень
Летела. И я
В парке один горевал.
Милые, бедные птицы.
Каким крылом
Вам закроют глаза?
Какие морозы
Сдавят горло и грудь?
В какое небо
Сложат
Клювы и тихий труп?
Я не боюсь старух.
Пусть
Колдуют и рвут чулок.
Если даже одна
Луна
Отразится на диске,
Я наберу тебя
И буду ждать.
И моя неподвижность
Напомнит тебе дорогу
В наш парк.

*****

Начинается день. Облака возвращаются к морю.
Впереди тишина, но туда еще нужно попасть.
Одинокий маяк, навсегда окруженный водою,
Наблюдает, как девочка тискает сонную мать.

Мы искали свой остров, теряя друг друга в дороге,
Мы ползли за мечтой, оставляя себя и следы.
Наша цель за мостом. Но не сдвинуть уставшие ноги.
Мы стоим у порога, холодные к шуму воды.

*****

Ты касаешься веток слегка,
Как дождь – щеки.
И им, колючим, твоя рука
Не лучше другой руки.

И я с надеждой смотрю на дом,
Но в нем – обман.
И мы вдвоем не вникаем в то,
Зачем он нам.

Зачем все листья текут водой
И цветы дрожат.
И ты пока что идешь со мной,
Но глядишь – назад.

Пусть ветер лижет с ладони соль
И шипит: «Еще!»
Я жив, пока ты идешь со мной,
И горит плечо.

*****

Мир поворотом твоей головы
Изумлен. И чтобы
Точки расставить, берет на Вы
И тебя, и слово.
Желтым радеет на небе шар,
И твои колени
День принимает в себя, как дар.
Нежных растений
Цветы полны
Светом.
И радость
Твоей весны
Не досталась
Ни прошлым векам, ни этим,
Строящим тихий плен
Бытовых уловок.
Словно скрывая себя затем,
Чтобы твои основы
Передать, как гусеница огню
Золотых свечений,
Крыльями вспыхнувших. Я виню
Грубость таких сравнений.
Переплыви их чернильный ток,
Лист и эхо.
Я раздобуду для нас весло.
Прочь из века!

*****

Вознося этажи усталой боли,
Подошвы вязнут в тоске проемов.
Рам, оставленных в коридоре
Смертных и почтальонов.
Ни борщ, ни капли в тяжелой
ложке
Не стоят вкуса.
Губы словно резину гложут
Из рук искусство.
Перемахнуть за пороги истин —
Работа ушлых.
Я ухожу из картин о жизни
Наружу.
И
Вознося этажи сомнений,
Я пишу вчистую.
Дом полон рам и сечений —
Разбей любую.
Синей жилой своих речений
Расплатись по счету.
Дом состоит из одних ступеней,
Одного пролета.

*****

«Скорая», как чайник, закипает,
Подбирая меру своего
Превосходства перед расстояньем.
Под живыми режется легко,
Задевая косточку дыханья.
Их от мертвых отделяет
Точка. Сдай ее, как желтый чемодан.
Спрячь за кодом в камере храненья.
И забудь. Забудь ее! И сам
Растяни законы притяженья.
Брось ее, как камень. Как жену.
Жизнь уходит в цифры, загоняя
Верность в клетку. Зачеркни одну,
Обведи, закрась ее до края.

Сок вишневый, губы в тишине.
На ладони теплый суп из фруктов.
Веки в синем клейком на огне.
Каша в холодильнике для трупов.

Ветер надрывался и кряхтел,
Обгоняя правила трубленья.
Ветер новых точек не жалел,
Собирая нас для вдохновенья.

*****

Каблуком сковырнув квадрат плиты,
Обещал пространству не спорить, если
Оно отпустит тебя. И ты
Станешь поводом новой песни.

Если обеты ему храня, данность
Ловя на слове, как бы
Будущность чувствуя на спине, малость
Швыряешь, как деву в лапы

Зверю, рычащему взаперти
(Сколько намеков для слабой касты),
Я запрещаю себе идти
Дальше, пока у ближайшей кассы

Ты не протянешь билет тому,
Кто и сам колесом в закат бы лег,
Если бы мог подмешать в дыму
Зелье, кладущее поперек

Рельсы, загон обводящей кругом,
Словно в живот загоняя ту
Ноту, просыпанную со стуком.
Оставляя пространству его плиту.

Ночь превращая в борьбу со звуком.

*****

Манхэттен. Улица всех корейцев.
На двенадцатом этаже
В красном, пока не открылась дверца,
Кресле сижу. Говорю душе.

О том, что крепость сдавалась трудно,
И временно мы в бегах.
Жизнь оказалась девицей нудной,
Козыри наши — швах.

Все умывают руки до
Совершения акта мести.
И потому не тому везло,
Кто кривит костями на красном кресле.

Кто почти что свел головой в бордюр
Разговор на тему и по причине.
Оттого что несколько теплых кур
Закатили шар не тому мужчине.

Разбавляя сладенький бой не то,
Чтоб часов, но бескрылых вздохов
Кварца, загнанного в кольцо
Осени и простых пороков,

Из щелей замка, как от замка к Висле
(Я справлялся, она и сейчас по картам
Бьется в берег Слоновой Жизни)
Времени, клянчащего по разным

Оценкам то ли час, то ли водки утром, —
Тянет холодом, хохотом, мятой юбкой.
И давно претит улыбаться шуткам,
Сплюнутым потемневшей трубкой

Дикаря, презревшего вкус науки.
И во всем, застывшем от страха, теле
Сводит судоргой чьи-то руки
На бедре любимой и пьяной цели.

*****

Тот, кто срывал с плеча крыло
Голубя, или прочей птицы,
Помнит живое ее тепло;
На реснице
Бусинка, точка, прозрачный шар,
Небо лапками в тротуар,
Небо попало в глаз. Вздох,
В горле твердея,
Родился Б-г.

С крылом на шее,
С клювом и солнечным днем
Осенним,
Стою, забываясь, с Ним и в Нем.
И со всеми,
Кто кормил и кормит несчастных птиц
Из ресниц.

В комнате всех одиночеств
Вечер и тишина.
Каждый живущий – прочерк,
Или его жена.

Каждый закат пружиной,
Белою простыней
Делят на половины.
Свет достается той

От которой рама
Прячется за стекло.
В общем-то, тот же самый
Вечер.

Ночь – струна на ее бедре.
Звезды выстроились в каре.
У соседки пытаюсь соль
Поменять на – Ре.

Босоножки по плитам – цок.
Попадаюсь на твой крючок.
И теперь меня, как лосось,
Подсекают вбок.

Возвращая тоску углам,
Водка падает на стакан.
И, вздыхая, что не сбылось,
Выпиваю сам.

Обманывая перспективу, от серого
Ломался стол. Тоска стремилась
К тоске в углу. И яблоко из целого
Дробилось. И было
Столько нежности у пальцев,
И столько нот не находило звука,
Что мы не знали способа
расстаться,
Накладывая эхо на разлуку.

*****

Стояли, курили, мопеды блестели,
Щитки отражали без четверти два.
Ночь обводила глаза и постели,
Падали стрелки. Горела трава.

Свет собирался и полз по подушке,
Волосы в рамке искали овал.
Жизни страница стиралась. И лучше
Было тому, кто ее не читал.

*****

Посинели грачи,
Износились плащи,
А деревья, как раз – порыжели.
Возвращая шаги
Во дворы, как долги,
Дождь смывает с ветвей акварели.

А я крошки бросаю в окно.
И врастаю в его полотно.

*****

Две колонны конусом вниз,
Наверху – гроза.
Я дошел до твоих границ,
И отвел глаза.

Я оставил тяжелый след
(Не сказать, чтоб ров).
Гибнет армия от побед
(Как поэт от слов).

Ухожу. Начинай скучать.
Выметай, как сор.
Чтобы крепости не пропасть,
Объяви, что – вор.

От награбленного ценой
Нежности, не колец,
Легионы идут домой.
Со щитом. И без.

*****

Полета нет и сна нет. Есть тоска
И долгое движение наружу
Души шестиконечного куска,
Не вписанного ни в одну
окружность.

Есть мир и дом, и холод. И тоска,
Давно собой терзающая вечность.
Над зеркалом ключи и небеса,
Готовые принять шестиконечность.

*****

Заплетается пульс. Улыбается маска у входа.
Из горшка прорастает зеленое, глядя в себя.
Оно скоро чумеет и пьяно считает до года,
Принимая за синтез тяжелую ткань бытия.

Не жалея минут, из подъезда выносятся руки,
Щеки, плачущий нос, потолок, голоса.
И колодка замка, напрягаясь, звенит. И за муки
Награждает себя, отлучая хозяйку от пса.

Тот скулит. Его эхо едва поспевает,
Огибая октаву, запрыгнуть в последний аккорд
Всех обиженных за ночь. И ветер куплет закрывает.
И маска сползает со входа на каменный рот.

*****

Тянулся дождь. Текли слова.
Но он ее не узнавал.
И вечер звезды доставал
Из рукава.

Тянулся по тарелке суп,
Сбивалась скатерть на столе.
И ветер проверял на слух
Проем в петле.

По платью, обводя узор
Чертили пальцы. И по ним
Тянулась жизнь наперекор
Двоим.

*****

Год летит, как звезда с экрана;
Поезд, загнавший себя и рельсы.
Если б жизнь не была, как драма,
Мы бы спели ее, как песню.

Нацепили бы шкуру волка
На каком-нибудь карнавале.
По глазам узнавая, сколько
Подносили и наливали.

Мы держали бы жен, как крепость,
Не снимая со стен дозорных.
Если б жизнь не была, как клетка
Для потомственных заключенных.

*****

Долго сидел, не касаясь клавиш.
Черный бархат вокруг. И в мыслях
Тоже черное, не поправишь.
Боль оркестра в длиннотах жизни.

Не хватало у пальцев воли
И душа не искала выход.
Клавиши, как ступени. Только
Дверь была навсегда закрыта.

*****

Я тебя узнавал, как почерк
Среди груды фамилий длинных.
Возникала сначала точка
И потом незаметно имя.

Я шагов никаких не слышал,
Звуков ряд громоздя стеною.
Я и сам из такой же вышел
Точки перед тобою.

*****

Изгибая глаз, как на свет листы,
Я дышу на ветки, бросая пальцы
Именами осени на весы,
Умоляя не расставаться.

За спиною окон тоска и ряд,
Веко – бабочка, засыпая,
Клетке улиц протекший взгляд,
Будто жизнь свою доверяя.

*****

Туман. Ты медлишь. Ты встаешь
На высокие пятки, считая,
Что тоска проливается в дождь.
И значит, туман не растает.

И значит, что ветер, сойдя
На причал, не найдет понимания.
Что волны расплесканы зря,
Что жизнь – оперетка печальная.

*****

Лет через сто меня не существует.
Но ты, всегда медлительно живая,
В своем окне на улицу глухую
Наверняка всей тенью заступаешь.

Ты говоришь седому веку: «Брось
Сухие ветки составлять в букеты».
А он, такой же сонный, шепчет:
«Где ты?..»,
Жалея всех, кому не дожилось.

*****

Дома растут, как дети, лет до двух.
К пяти у них лоснится черепица.
И если бы не трубы и не птицы,
К восьми теряют зрение и слух.

Дома плывут, как рыбы, к облакам.
И плеск воды в окне однообразен.
Но каждый дом по-своему
несчастен,
И каждый предан нами, или нам.

О ножницах, о девушках, о славе

Две сабли, два убийцы, два клинка.
Два благородных круга на эмблеме.
Два путника и ловкая рука
Красавицы-закройщицы на смене.

Какие бури за стеной в миру,
Какие женихи в ее одеждах
Ее подруг бросают поутру
В рассыпанных прическах и надеждах.

Какое солнце успевает пасть,
Не дотянув холодной глины цеха.
Какие пальцы ножницам сковать,
Чтобы пошить костюм для человека.

*****

Зимой синеватый воздух
Держится за стакан.
Можно поверить в прозу,
В частности по ночам.

Зимой за последний жухлый
Жизнь цепляется лист.
Кисло выходит утро
Из-за ресниц.

Верится в снег. И слабо
В оттепель и ручьи.

Жизнь шерстяную лапу
Прячет в карман. Молчи.

Не выходи наружу,
Не подставляй зиме
Голову, или душу,
Схваченную в огне.

Не растворится в ранних
Сумерках тишина.
Город ночной печально
Тянет ее до дна.

*****

Будет дождь и будут сниться ветки.
Будет день, когда по телу – дрожь.
Время, притащившее соседку,
От которой просто не уйдешь.

Будет смех и шорох до вокзала,
Будут губы наплывать в такси.
Будет все, о чем ты не сказала,
Будет вечер где-то по пути.

Будут звезды, сталкиваясь с морем,
Течь из туч на мокрую ладонь.
Буду я разлуки недостоин,
Тенью загораживать перрон.

Ничего не будет за вагоном.
Ни окна, ни линии, ни рук.
Лишь в купе глухом неосвещенном
Будет биться в стекла жалкий звук.

*****

Автомобиль, фарой
Пробуя ночь,
Плачет.
Растворяя дождь
В пальцах,
Старый,
Плачет.
«Жизнь идет!».
Жизнь идет.
Я пускаюсь во все
Тяжбы,
И ложась, на снег,
Стражем,
Обещаю тебе, с каждым
Шагом встречая свет:
«Жизнь идет!».
Жизнь идет.

*****

Я снимал рукой свет со щетки,
Собирая карты твоих дорог.
Океан ложился на землю лодкой,
Выбивая пену из берегов.

Принимая резь фонарей колонны,
Шторам чтоб не дрожать в окне,
Я у ног твоих утомленных
Тенью складывался во сне.

И вдыхая запах духов настойки
Солнца, скошенного с травой,
Я уходил от тебя. И только
Сон уносил с собой.

*****

Зима. Уходит свет с картин.
Мы в комнате с тобой сидим.
Нам вместе сорок с небольшим.
Мы свежи.

Уже прошел и стаял снег,
И комната полна примет,
И мы крадем ее секрет
Неспешно.

Костюмы, купленные впрок,
Как вход в пространство, чей замок,
Хотел сорвать я и не мог;
Как нежность.

Ты мне послушна и тиха.
И ночь валяет дурака,
И жизни грустная река
Безбрежна.

*****

Завесь окно, но света не включай.
Задумай два числа неоднозначных.
В фарфоре завари какой-то чай,
Забудь о нем и вытряси полпачки.

Задумай два числа. Найди черту,
Которая бы их не разделяла.
Зайди на половину. Лучше ту,
В которой продолжается начало.

Зайди за переезд. Закрой пути.
Завесь окно. Проверь шагами числа.
Открой словарь и зачеркни: «Найти»,
«Искать» и далее по смыслу.

Закрой глаза. Задумай тишину.
Поставь у изголовья знаменатель.
Закрой словарь. Оставь себе одну
Страницу. Обведи: «Утратить».

*****

Нам гасят дни, как марки на почтампте.
В полупустом вагоне календарь,
Подслеповато развернувшись к лампе,
С Июля вылетает на Февраль.

Потоки извинений. – Близорукость,
Мадам, всему виной!.. Какой-то сон...
– Потише... ах!.. Зачем же Вы над ухом!
– Нет-нет, Мадам, я крайне удручен.

Тушуется зима. На ветках ветер
Скользит, руками обдирая лед.
– Простите мне, Мадам. Я Вас не встретил...
И жизнь, скучая, обгоняет год.

*****

Как странно, жизнь меня не замечает.
Вышагивают дети на дворе.
Мороз скрипит. А жизнь – не замечает,
Не принимает. Нет меня в игре.

Как странно. Мир кого-то догоняет,
Бегут машины, люди, имена.
Мои друзья все время убегают,
Уходит жизнь. Уходит без меня.

*****

Одной воскуренной сигареты будет
Достаточно имени твоему.
Над таблетками от простуды,
Заклинаниями в дыму.

Я возвращаюсь к твоим коленям
Без молитвы, не из любви.
Как моряков волокутся тени
На погибшие корабли.

Пусть тоскует без окон угол,
Заступая за стол и шкаф.
Сигарета разбудит руку,
Тишина засучит рукав.

*****

Белый кирпичный дом
(Через дорогу от
Того, где она живет,
Кажется, с юных лет),
Задувая свет,
Тонет в голубом.
Небо лежит на нем,
А мои глаза – нет.

Незачем помнить Ка
Ждый ушедший звук.
Я не сторонник краж,

Пусть я глух.
Пусть никогда струна,
Певшая для нее,
Не прозвенит в мое
Окно из ее окна.

Незачем подражать
Таянью ее лун,
Трепету ее глаз,
Вечности ее струн,
По которым сон
Сочетал бы нас;
Но не смог достать.

*****

«Генерал! Вас нету, и речь моя
обращена, как обычно, ныне
в ту пустоту, чьи края – края
некой обширной, глухой пустыни,
коей на картах, что вы и я
видеть могли, даже нет в
помине».

Иосиф Бродский

Список Ваших заслуг,
Генерал, режет слух.
И, такой же солдат,
Я не рад
Ни письму, ни дружбе.
Вступая в тяжбы,
Забываешь пушки,
Умираешь дважды.
Вы хотите отставки, долг
Бессмысленен, как и полк,
Легший за чью-то блажь?
Ваш кураж
Выдохся вдруг, и ах,
Вы почти в бегах.
Пропадать –
Плевать.
В бою, говорите Вы,
Честнее, чем от беды.
За тех,
Кто искал утех
И послал на смерть
Четверть, если не треть
И сейчас, увы,

Под дуду трубы,
Желание не растет;
Идиот,
Который послал Вас в
Эти поля и рвы,
Тиская чьих-то баб,
Глубоко неправ?!
Ах, генерал, пассаж,
Хорош, но не Ваш.
Пушки должны стрелять,
Враг – бежать,
Но мы –
Нужны
Не только ради атак.
Генерал, для драк
Кулаки жены
Страшнее иных солдат –
Это и шах, и мат.
Но Вы –
Слабы.
И Война – не миф,
Где рождая паф,
Убиваешь пиф.
И Устав –
Не затем, чтобы Вы, устав
От гнили или болот,
Писали рапорт,
Припадая к фляге.
Жизнь, генерал, не клочок бумаги.
И на флаге ее пятно
Высохнет все равно.

Струнное

Жизнь играет на четвертях,
Обижаться ушедшим – грех.
Небо, в крыльях твоих застряв,
Раскрывает блеф.

Это был самолет. Огни
За звезды принимая лёт,
Пожелал тебе лет. И дни,
И счастливый год.

Поднимаясь на каблуки,
Убегая на двух восьмых,
Рифмовались твои шаги
И страницы книг.

Четверть года кружит весна,
Душит четвертью мокрый снег.
Половину пробьет вина,
Половину – грех.

Деревянным мостком ступень
Возвращала тебя из слов
В этот мир, что на четверть – тень,
Две восьмые твоих шагов.

*****

Ветер сложил из газет шатер,
Солнце, кренясь, отпускает день.
Я крадусь за тобой, как вор,
Выбирая тень.

Как пером обводя дома,
Углем – изломы плеч,
Волосы чистой резинкой сна
(Не стирать, – стеречь);

Буду прятать тебя в листах
Белых Луны лучом.
Буду линией на углах,
Черным карандашом.

Чтобы ветер, газет гоня
Стаи в бумажный клин,
Не уносил меня
Из твоих картин.

*****

Лучше порядочность, чем порядок.
Один Лопух не спасает грядок.
И, ко всему, на один порядок
Проще, чем беспорядок.

Градус всегда веселей, чем хаос.
Извини, но сегодня моя усталость,
Какая жалость, –
Все, что осталось.

Жизнь мелькнет, как часы с кукушкой,
Разделяя реку чугунной кружкой,
Разбивая пену железной ложкой...
Добавь немножко.

Мы говорили с тобой про градус.
Площадь круга приносит радость.
Извини, но пока по стеклу плескалось,
Не всем досталось.

Я устал, устал. И мои уста,
Как с хмельным стакан.
Досчитав до ста,
Выпиваю сам.

Открытка

Словно мешая застывшие краски,
Я сочинял тебе грустные сказки.
Словно ключи подбирая к словам,
Или дорогу ко всем сторонам.

Ветер возился, вздыхая, с трубой,
Ветер всегда приходил за тобой.
Стены расписывал тенью и сном,
И возвращался назад сквозняком.

Плыли воздушные стрел корабли,
Парус высокий касался земли;
Снег покрывал тебя, будто стихом,
Грустною сказкой за нашим окном.

*****

Срез окна,
Как вина
Графин.
На стекле Луна,
Сны ложатся на
Животы со спин.
И стихи мешочками в погребах.
Жизнь кончается. Как же так?

Поезд с сумкой на весу,
Тянет ношу по мосту,
Банда клоунов внизу.
Никуда я не уйду.
Тлеет в синем желтый прочерк,
Зачеркнуть себя не хочет.
Надеваешь черный фрак.
Жизнь уходит. Как же так?

*****

Мир из окон ушел в ступени.
Жаль, что жизнь повернулась к тени.
Опуская голову на колени,
Понимаю: время.

Слышно, как пробегают мыши,
Ты сидишь и почти не дышишь.
Из гитары уже ничего не выжать,
Так хотя бы — тише.

Тьма, как нищий, повсюду дома.
Пропускаю ее вперед, как даму.
Руку твою никому другому
Не дам я.

*****

Собирая круги под глазами
Морщинами тихой реки, как слова,
Которых потоки; под нами
Плывут, отраженные глазом, едва
Различимые птицы.
Струится
Вдоль крыши дымок.
И мы
В своем творчестве немы.
Протирая время,
Течет платок.
Давай подбирать цвета.
Белый и белый...
Бедный.
Я хотел от грусти
Подарить тебе гусли,
Но вышли бусы.
Грустно.
Искусство --
Это песня,
Все буквы которой
Бегут к тебе.
Но ты не слышишь.

*****

Зачем, розовый обгоняя, желтый,
Раздаваясь в руке,
Забирал черты; и луж осколки
Плыли точками по щеке?

Зачем, провожая прозрачный
призрак,
Где тяжелый кот на груди уснул,
Выходили квадраты тоски на
близких
Стеклах, текущих с широких скул?

*****

Твоего понимая платья
Танец, берегу запястья.
Выхожу в круг, в свет. Вдруг
Каблуков твоих стук.
Самолет подбирает шасси.
Срывается поезд. – Такси!
Красоту мою довези.

– Откуда к нам?
– Из разных стран.

Глаза цыганские. Ночь. Костер
Заливает дождь. И разговор
Задыхается на груди.
– Погублю тебя... уходи.
Кровь на ладони. Пусть.

— В сердце твое вопьюсь.
— Крови я не боюсь...

Утро белым листом на бровь.
— Вот рубашку мою набрось.

*****

Протекая глазом в тоннель
прицела,
Мир одной ординатой проще.
Это объем покидает тело,
Причем — заочно.

Все объяснения ран душевных
Ранят и раны, и их причины.
Вечность в плоскости неизбежно
Кривит картину.

Я дарю тебе медный шарик,
Понимая, что ненадолго.
И когда рука от него устанет,
Отпусти, и только.

*****

Возвратясь из весен,
Усталых песен,
От тех, кто брошен,
И тех, кто вместе;

Не утолив память,
Не раскусив слова,
Взять пятьдесят на ночь,
И через час – снова.

Чтоб не пойти в гости,
Чтоб не принять вызов.
Может быть, сесть в поезд
И постелить снизу.

Двинуть окно к югу,
И прокричать в ветер,
Что жизнь – это ТА шТУка,
А человек – смертен.

Что никаким морем
Не сократить берег.
Что на душе – топи,
А на счетах – мели.

И что вообще – поздно.
И говорить – скучно.
Что уезжать сложно,
Но иногда нужно.

Чтобы писать письма,
И набирать номер.
Чтоб вопреки жизни
Просто сказать: «Помню!»

Песнь ступеней

В какой-то день количество
ступеней
Перестает быть качеством объекта,
Перерастая в возраст.
И как воздух,
Не в краски собирается из спектра,
Но в тени
Тех немногих из друзей,
Кто не прошел этапы этажей.

Все меньше удивления в дверях
Расставленных и брошенных без
счета.
И будто неразгаданные сны,
В глазке у каждой – капелька вины.
Но загоняет в новые пролеты
Сначала ветер, а позднее страх.
И нет нужды производить расчет,
Окно погаснет так же, как пролет.

*****

Та же речка протекала под нами.
Те же тихие круги под глазами.
Даже книги на тех же страницах,
Так же тушь протекла на ресницы.

Мы уходим из мира частями.
Те же птицы у воды, те же камни.
Та же черная тушь на ресницах,
Только снится мне. Только снится.

Те же тихие круги под глазами.
Та же речка протекает под нами.

*****

Зима несет тяжелые потери.
Закованное в цепи колесо
Крушит сады. И белые постели,
Как тряпку – в соль. И головой – в песок.

Прощай, зима! Твои мотивы – дивны.
Глаза – огромны. Ночи – холодны.
Твой голос тих. И тяжелы перины.
И никому на свете не нужны.

*****

Как грустны обещания. Как тонки
Должны быть паузы. Возьми себе одну.
Короткую. Вложи в прозрачный томик
И пусть к тебе вернусь

Не точкой. Не историей, не болью.
Не карточкой, продавленной в стекле.
Но, бестелесность победив настолько,
Чтоб ты узнала, – паузой в строке.

*****

Из асфальта выходил прохожий,
И в тоннеле где-то исчезал.
Мялись шины и куда-то тоже
Пропадали. Только день стоял

Одинаковый и в целом одинокий.
Серый, монотонный до седин.
К вечеру составятся итоги,
И газеткой лягут у витрин.

*****

Слежится снег. Нагрянут воробьи.
Дом, отступив, укроется под серым.
Тяжелый кот свернется на груди,
Но от тоски не обнаружит тела.

Как корабли, заброшенные вдаль
Прохожие, затянутые в тени,
Найдут огни, забытые, как май,
Как точка между двух
стихотворений.

Проснутся дни. Их тонкая канва,
Как нитка отсыревшая. И пальцы
Едва ее коснутся, и едва
Удержат, чтобы ей не оборваться.

*****

По досточкам, мешающим паркету
Стать островом, сквозь темный коридор
Пройти на улицу. И, подставляясь свету,
Зажмурив веки, погасить простор.

Поежившись, зажать в ладони щеки,
И пальцами передавить пути
Всем звукам, заставляя реки
По раковинам петь, а не скрести.

Забыть, зайти, заплыть за день, за город,
За жалкую обшарпанность стены.
За самый мир, влюбленный, как геолог
В свои невоплотившиеся сны.

Бежать… Бежать!.. Не находить опоры,
Не чувствовать усталости. И страх
Оставить за паркетом в коридорах
В растерзанных, как прошлое, домах.

*****

Ошибаются дни, словно даль, не попавшая в ноты.
Растерявшись без листьев, немеют деревья и сад.
Рассыпаются птицы. И небо синеет. И годы
Возвращаются грустью и ветром по окнам стучат.

Мы еще в Феврале. Согреваясь в подъезде вечернем,
Видим белые косы ветвей. И, внезапно устав,
Замерев от волнения, медлим,
И приходим в себя от шагов и костра на губах.

Мы проходим, как снег, наши зимы не знают сомнений
Ошибаются дни, закатившись не в тот календарь.
Мы приходим в себя, но от возраста портится зренье,
И всегда пропускает страницу короткий Февраль.

*****

Ускоряется тело. В бубен
Стройной цыганки месяц
Падает отраженный
Рассыпанной по рекламе
Искрой из сорок второй.
Где, как омлет о блюдо,
Которого бы хватило
На большой и на малый
Атлас мертвого неба,
Бьется о бубен кисть
Молодой цыганки.
Но улица неподвижна.
Старый раб вспоминает трубку
В руке инвалида. И глаз
Не находит луч,
Падающий на блюдо.
Все мы в долгу у цыганки.

*****

Стоя в кипятке,
Отдаваясь пару,
В руке —
Февраль, но пару
Недель, и Март

(Старики
За колодой карт
У реки);
Я гадал
О тех,
Кто устал.
Из всех
Избегая ванн,
Не смотря в стекло,
Им бы руку в кран,
Чтобы жгло.
И не забывать
Как-то жить.
Чтобы детям дать
Навестить.
Только разве капли
Бегут?
У кого-то папу
Крадут.
Разливая Солнце в окне,
Разбивая заступ во льду.
Эта песенка была о весне.
За столом ее не поют.

*****

Так крепко ты спала,
Что ночь устала.
И время вышивало

Апельсины
На тонком покрывале сна.
Пришла весна.
И обновляла силы
Река, переполняясь льдом.
Так долго ты спала. Что перед сном
Родители, рассказывая детям
О странностях, случаемых на свете,
Говаривали об одной Принцессе,
Которая, пока жила –
Спала.

Так долго ждал, что буквы на
бумаге,
Вытягивались в белых голубей.
И плыли строчки синеватой брагой
В спирали электрических огней.

Так долго жил, что изучил соседей,
Как грамоту. Скупому языку
Недоставало сна, которым бредил,
Но был в невозвращаемом долгу.

Перед соблазном выступить
банкротом
В ладонь просился рыжий
апельсин.
Он мог бы стать ей кем-то, если б
кто-то
Не рифмовал ей сны с его картин.

*****

Рисуют птицы крыльями. И ветер
Рисует, обрывая провода,
Которые рисуют. И об этом
Вся жизнь.

Рисуют руки суп. Рисуют искры
Глаза, рисованные Б-гом,
И об этом все мысли.
Мама.

Смерть артиста

Горше водки только копченый глаз
Рыбы, завернутой в некролог.
Шутка могла бы ввести в экстаз
Плоть, запахнутую в ларек.

Ожидание выше самой игры,
От аваций кровь заливает мозг.
Рот покойного от икры
Принял форму засохших роз.

Жирный саван смят и прижат к доске.
Под икоту и рыбьи шлепки о грудь,
Перед занавесом в ларьке
Проводили душу в последний путь.

*****

В ночи, которая необходима
Тоске, которой не унять,
Мечта печально ворожила,
Ложились тени на кровать.

Ползли часы. И с каждым боем
Тревожней делалось внутри.
И стрелки возбуждались строем,
Как музыканты от игры.

Что знала жизнь об этих звуках,
Уставших от себя минут?
Мы потеряли в них друг друга,
Как вечность сонную крадут.

*****

Так холодно, что посмотреть в окно
Знобит уже не меньше, чем открыть.
И те же сумерки, и то же полотно,
И так же краски смешивает жизнь.

И те же ветки протыкают глаз.
И сердце, не рожденное героем,
Все так же ясно представляет нас
У тех же окон, с прежнею тоскою.

*****

За плечами поле.
Маскарад и крылья
Для сладких. Только
Не пригласили.

За плечами травы.
Цветы венков.
От слив и славы,
До васильков.

За плечами ветер.
Волосы в облаках.
Глаз плывет по смерти,
А она — в глазах.

Карточки слишком старой,
Чтобы по ней судить.
За плечами травы.
Плыть.

*****

Пока дорога закипает паром,
А мы с тобой купаемся в снегах,
И воздухом свободным, как нектаром,
Закусывая, ходим на руках, —

Давай махнем без всякого зазнайства
В Венецию. И выдохнем в пути
Машинным маслом, где-то у Можайска,
Мальчишке в ресторане: «Накати!»

Под Минском, поворчав в пустом буфете,
Букет гвоздик девице поднеся,
Предложим пир, развратный, как
бессмертье,
Она зардеет (маслом): «Здесь нельзя!..»

А дальше все, как в фильмах, так же
быстро.
Запомнив не забыть о багаже,
В рубашку на груди воткнем записку
О тайне жизни. То есть о душе.

И целя в самолеты (и гондолы)
Помятой папиросой, наугад,
Каналы превращая в коридоры,
Увидим не срисованный закат.

И выдыхая (маслом) в эту бездну
Безнравственного тихого житья,
Заплачем по насиженному месту,
По снегу, по вокзалам бытия.

*****

Твое лицо из джаза и лучей
Струны΄. Волос светом играть.
Волнам плыть плеч и впадать
Синей-синей силой тоски – в ручей
Пропадал человек. Пропадал
ничей.

Голосу бы быть. Бить.
И тебя забыть. Плыть.

Голосу бы ждать. Знать.
Голосу бы звать. Звать.
И тебя любить. Плыть.

Не хватало нот на руках
И пальцев боль. Боль.
Разъедал диез соль-бемоль.
На глаза бежал дождь. Страх.
Человек убегал. Убегал. Ах.

*****

Дверь закроем, и только картинам жить.
Времени дав пропасть,
Не отрываясь, из окон пить,
Снежные пряжи прясть.

Тонких ладоней согреть птенцов,
Венку в рукав, как клюв.
И понимать, понимать без слов
Пролитое: «Люблю».

Не замечая, как ночь со стен
Клонится на паркет.
Гладить, гладить птенца из вен,
Долгие зимы лет.

*****

Как рюмки голову в кафе сложить,
Звезд ожидая всплеск.
Солнцем газовым отразить
Легкость твоих небес.

Нитью синей из глаз дождей
В тихую синь светил.
Месяц прибился к рукам ничей,
Рюмки не находил.

Пьют океаны и люди пьют;
Видишь, какой сюжет.
Я и нам до краев налью
(Рюмок, или планет).

*****

Девушка варила абрикосы.
Молодой сосед колол дрова.
Ветер сосны теребил за косы,
Пес сердито фыркал у двора.

Мяч гоняли дети. У забора
Два подсолнуха обманывали глаз.
Бормоча, работала Федора,
Шел четвертый, или пятый час.

Только птицы сознавали лета
Скорое крушение. Состав
Наскоро сколачивался где-то,
Машинист курил набор из трав.

К вечеру обмахивали тучи
Веники березовых колец.
Собирался дождь. И новый случай
Был не хуже прежнего. И здесь

В забытьи разбитого вокзала
Капала встревоженная жизнь.
Девушка на станции стояла.
Поезд отходил. Прощалась высь.

*****

Летит печаль и старая газета.
Табак просыпался. Испачкался рукав.
Глаза от света устают заметно,
И ноет недолеченный сустав.

Весною чаще вспоминают осень.
Ругают лужи. Путают гостей.
И табаком крошат из папиросы
Все чаще. И безжалостно смешней.

*****

Все это слишком ненужно.
Вероятно, пошло.
Несомненно, скучно.
И, конечно, сложно.
Убегают в небо
Самолет и парус.
Чтоб, исчезнув где-то,
Полоса осталась.
Признаю, как клятву,
Без руки, но ручкой:
Лучше ставить пятна,
Даже кляксы – лучше,
Чем пустая клетка
В горизонт страницы.
Исчезает метка,
Белая, как птица.
Растворяясь в знаках,
Надрываясь в строчках.
Тянется бумага,
А порвать – не проще.
Нарисуй мне лампу
И прощай навеки.
Наполняйтесь влагой
Веки в человеке.
Чтобы все полоски
Всех аэропланов
Увозили взрослых,
Загнанных и рваных.
Как с рисунка – солнце,

Как клочок бумаги.
Все, что остается –
Притвориться влагой.
Разобьется парта,
На кусочки – ручка.
Самолетов жалко,
Кораблям не лучше.

****

Перед лицом высокого мы все
Ничтожны. За вороний профиль
Не спрячешь изворотливость ума,
И образы прозрачного Басе
Не трогают некрополь.
А зима
Не отступает.
Холод тел
Передается воздуху.
Светает.
Голодный взвод выходит на
расстрел.
По городу
Ползут его штаны.
Его ремнями
Украшают ветки.
И значит, нет надежд у тишины.
А окна раскрываются губами.
И сетки.

*****

Холод рядится в синий.
Где облаков орду,
Как легион в пустыне
Ведут.

Кровли железной рельсы,
Или доспех на грудь.
Легкая смерть, повеса, –
Долгий путь.

Помнят дороги запах
Пота, или слюны.
Синее в цепких лапах
Падает на холмы.

Встань, не лежи у леса,
Время для медных труб.
Памяти нет, повеса.
Всё врут.

*****

По ночам разматывая пояс,
Расстояния укладывая в нитку,
Не морской, так часовой, ломая
корпус,
Из кукушки делая улитку,

Мастер отвлекал себя стихами.
Грустными, как образы ребенка,
Через сон глядящего на маму.
Плачущего тихо. Вечно. Звонко.

*****

Чао слетело к чаю.
Колечком по блюдцу: Цок!
Только плечо под шалью
Косточкой в потолок.

Полдень весенний долог.
Луч любопытен: Ах!
Волны от разговоров.
Вишенка на рукав.

Первая боль отставки.
Палец порезан: Что ж!
Белый цветок на шляпке.
И дождь.

*****

Как тротуара белая под солнцем горела ткань,
Твое лицо горело тем же белым.
И волосы, ломаясь о герань,
Над ней горели.
Застывший день ломался на часы,
Лучи, пустые промежутки.
Твоя рука, поившая кусты,
Была их первым вымыслом за сутки.
Я обводил ваш контур на столе
Разбросанными крошками под пальцем.
Ломалась жизнь в столовом серебре,
И нож для рыбы целился в запястье.

⚜ ⚜ ⚜ ⚜ ⚜

Сцепились за тень светофоры.
Билась струна на гитаре.
Дом ворчал сердитым аккордом,
Задыхались ноты в подвале.

Птицам было неуютно. И крошки
Пропадали непринятой жертвой.
Каждый угол был отвергнут за то, что
Был не первым у нее. Был не первым.

*****

Качнулась жизнь, как лестница на льду.
Воздушный пух соединил дороги,
Дома, кусты, прохожих... всю среду.
Мы были в ней одни. И одиноки.

Ты пробовала дни, как горсть песком.
И пальцы красные предназначая снегу,
Стелила простынь белым молоком,
И наши тени размокали хлебом.

Но таяли продукты и февраль
Перетекал за март. И только голод
Удерживал над нами календарь,
Зачеркнутый, как даль тяжелой шторой.

*****

Помой посуду. Занавесь окно.
Накройся одеялом. Растворись
В постели, в книге, в чем-то. Все равно.
Иль спать ложись.
Переведи часы. Куда-нибудь. Вперед.
Чтоб утром встать ровесником пустыни.
И рот скривив, произнести: «Восход»
Как имя.
Глаза закрой, и глаз не вспоминай.
Не позволяй тащить себя на дно.
Считай овец. Слова не подбирай.
Помой посуду. Занавесь окно.

Троянская война. Финал

Минуты ночью медленнее уст.
И пульс
Опережает тиканье часов.
Минуты ночью отдают тепло.
И стол
Напоминает струнный инструмент.
Но песен нет.

Минуты ночью горькие на вкус.
И ты уже не отличаешь пульс
От тиканья часов.
Кухонный стол,
Приставленный к стене,
Напоминает некий инструмент,
Но песен нет.

Минуты ночью неподвижней уст.
Их перейти, как выпотрошить пульс
Из тиканья часов.
И тела близкого тепло,
И грохот поезда в стекло
Сквозь свет.
Но песен нет.

Минуты ночью осторожней уст.
Они с остатком делятся на пульс,
Сливаясь с боем
Часов.
И Троя
В конце концов
Сгорает стоя.

«Я не смею поднять глаза и встретить его взгляд. Его глаза сейчас зеленовато-серые, цвета неба и воды. Я плыву в них, как в реке».
Берта (Бася-Рейза) Розенфельд. Шагал.

Солнечно. Даже тень дать
Траве прорасти
Согласна. И это конец пути.
И мою кровать
Не застилать.
Белла летела. И кошки,
Цветы, коты и окошки,
Коровы и козы,
И косы,
Дворики, крыши,
Мимозы,
Города синий
Овал и вокзал, --
Подсматривали, просили,
Чтоб не забыл, чтобы взял.
Но он
Летел. Улетал.
И дом,
Корову, козу и цветы
Тащил за собой.
А ты,
Полетишь со мной?

****

Звезды падают синими вишнями.
И в плену у замерзших чернил,
Почтальоны становятся письмами,
Распиная себя у квартир.
Расстоянья становятся далями,
Високосными стрелами – дух.
И листки, на которых писали мы,
Нас по букве из строчек крадут.

****

Дорога крутилась, как лента
Бабинного магнитофона.
Порой обрывалась, порой шла ровно.
Если ее наблюдать с балкона,
Можно выколоть глаз от ветра.

Мы были знакомы почти заочно.
Я сделал ей пару удачных фото.
Кофе списывая со счета,
Выйдет сорок минут работы,
И полгода – почты.

Кольца пленок у ног штатива,
Лица сравнивая подспудно,
Понимая, что встретить трудно.
Что дорога ее попутна,
И случайно – необходима.

*****

Капитан кривлялся под койкой, согнув дугой
Хребет, который не прошибешь доской.
Старая крыса, бросала глаз,
Видя, должно, чертей. Хоть нас
Тоже не ангел пас.
О-хой. Он болел цингой.

В Индии, где за бриллиант к ножу
Купишь и мужа, и госпожу,
Старый пес красотки поганый сок
Проливал из губ на могучий рог.
А супруг крутил оверштаг.
Прошу. Пора на баржу.

Что под мачтами прятал фрегат и бриг,
Пауком тащил в сундуки старик.
Золота груз и еще пустяк —
Жизнь. Приспущенную, как флаг.
Сколько душ цеплялось узлами в лаг.
Вжик. Это тебе от них.

*****

Вода текла наоборот.
Не задевая шляп. И зонт –
Был небосвод
(Наоборот).

Текли по улицам дома. Воротники,
Измятый шарф.
Текли в асфальт грузовики,
И грустный Март.

Из окон протекала жизнь
На облака.
И одинокий, падал лист
В века.

Из пуговиц, на тихий ряд
Ложился стих.
И мы сходились наугад
В одном из них.

*****

На старом фото старый
Моисей задумался. За кадром
Иегошуа. Пустыня. Усталый
Стан. Фотограф щелкал даром.
Людей не соблазнял
Мгновенный Полароид.
Четвертый день мужчины не курили.

Песок засыпал рельсы. И овал
Светила наплывал на поезд.
Шумели дети. Жены не варили.
Фотограф с глупым видом заряжал
Бесцветную пластину. Воздух спал.

Мы столько лет рассматривали небо,
Напоминавшее встревоженную дюну,
Что нас могли бы узнавать по слезам
Нарезанные ватой облака.
Мы столько лет скитались по чужбине,
Что перестали чувствовать дорогу.
И ноги отпускали по привычке
Как на ночь табор.
Люди шли к Востоку.

Я встретил Вас на лестнице. Вы плыли,
Скучая, между ангелов. Глаза
Протягивая путнику, как блюдца.
И я узнал, что духи не смеются,
А только плачут. Синяя слеза,
На горизонте выводила знаки,
Которые мы знали,
Но забыли.

*****

К асфальту жалась ночь. Не задевая
Стрелок, сползал туман. У города
Кончались, как спички, за дорогой
Провода. Мерцали
Кораблей, подвыпившие реи.
Сигнальные,
Наверное, огни
Горели.
Они
Прощались.
Грустные, как струны,
Дрожали тросы,
Но пока держали
Не сложенные в письма
Обещанья.

Пусть никогда не выветрится хмель
Из гривы одичавшего коня.
И твой платок, красотка, будет греть
Простуженную спину. Пусть уснули
Забытые в карманах телефоны,
И дождь, как пена, облизал шоссе.
Мы и без них, без рвущейся на ноты
Безвкусной пересоленной похлебки
Ночного ветра
Не прервали б вечность,
В ее неиссякаемой печали.
И никогда не растворили б тусклой

Палитры
В неподвижном
Полотне.

*****

«Навсегда расстаемся с
тобой, дружок.
Нарисуй на бумаге простой
кружок».
Иосиф Бродский

Щепкой ли плыть,
дружок.
Ветерком с земли.
Погудеть в рожок,
Поскучать вдали.

Океаны, океаны.
Наши мысли, наши страны,
Наши рваные карманы,
Наши руки.
Наши раны.

Петь и петь бы нам про дали.
Но теперь уже едва ли.
Потрепали, поскучали.
Погрустнели. Поумнели.
Поостыли. Отзвенели.

Плачь и плачь. И бей
Пластинки.

День назначь,
Наклей картинки,
Выставь улице в лицо.
Брось веревку на кольцо.

Стынь, как пена.
Как победа.
Пей, как птица, воду,
Лета.
И вдыхай, как части света,
Горечь с солью
Незаметно.

Собери земли в кружок.
Не скучай по ней, дружок.

*****

Привет. Пусть в улиц загоняя след,
Хромающий, как циркуль, пусть пройдя
В парадное, не жди,
Пока тебя поймают этажи,
Как грудь — дитя.
Пусть лампочки скользят
По окон ребрам, разбивая свет,
Побереги тепло. Не выходи
Надолго, будто воздух из груди.

И повторяя про себя: один, —
Не пей.
Пусть голос не находит этажей,
Срываясь вверх, как мел под потолок.
Рука в кармане. Голос одинок.

*****

Туман не прятал. Кажется, искал.
И шарик над водою проплывал,
Как в тихой ленте.
Так, как будто ветер,
Став режиссером, фонари снимал.
Дурачился и все не признавал
Ответственность за чудеса. Как дети.

Споткнулась жизнь. Баркас пошел ко дну.
Тряпичной куклой, сшитой неуклюже,
Герой не то, чтоб оседлал волну,
Но, вероятно, оказался в луже.
А ветер рвался. Ветер подгонял,
Снимая шарик, как воздушный шар.
Проектор грелся. И фонарик гас.
Устало жизнь, как пауза бралась.

*****

В ритмах, которые, время, ты для меня
сочинило,
Улетали годы восточной лентой.
Хоть бы строчки были не столь же смертны,
Как рука, что по ним водила.

В доме, в котором, время, ты меня заключило,
Голос жил в углах, поднимаясь реже
К именам, с которыми был бы нежен,
Если б жизнь их чаще произносила.

Радость, которую, время, ты для меня ссудило,
Достигала редко щеки Авроры.
Если б только поезд мой был не скорый,
И разлука не торопила.

*****

Маска не держит лицо, как крыло –
Полет.
Облако делит дождь, как студент.
Зачет.
Небо вывешивает закат,
Как неподвижность
Вынашивает вечность.
Время. Часы стоят.
И в закрытый рот
Песней не протечет.
Усталость
Года подряд –
Все, что осталось.

В золоте отраженного лужей дома
Случай ползет к другому.
Васильки... васильки...
Из твоей руки,
Льнут, как травы.
Глаза в оправах
Кажутся правы.
Я веду к тебе карандашный ряд.
Города плывут. Корабли стоят.

*****

Клавиатура, красная, как камень
На площади, взывала к тайнам.
Возвращался праздник. Солнечной
Волной день раздавался голосом
Мальчишки, крадущего у
горничной
Лучи на чашках. Полюсом
На карте горели уши.
Волосы дразнили. Из кабинета
Выносился Пушкин,
И черной кровью по спине паркета
Замысловато выводил работник
Разбитым сапогом. Весна
Прощалась.

*****

Когда приходит транс, как
транспорт,
Выстукивая прихотливо,
Как косточками по пространству,
Дыхание локомотива.

Размазывая желтым маслом
Холста ромашек ткань и булку.
И синюю бросая вазу
В разлуку.

За лес, граничащий волками
С весной и болью.
За даль, раскрашенную нами
В морское.

*****

Мир растет на плечах, как тесто.
Все бежит, но стоит на месте.
Прикасаясь к больному месту,
Страдаем вместе.

Буквам плыть через писем сито.
Март торчит из меня, как нитка.
Ощущая в кармане бритву,
Подходишь тихо.

Каждый чет отрицает нечет.
День с трудом переносит вечер.
Собираясь тебе навстречу,
Вжимаю плечи.

*****

В душевой вода догоняет поезд.
Облака бегут за тобой, как голос.
Занавеской от всех закроюсь.
Скорость.

Жизнь в окне ничего не значит.
Рассыпается на горячий
Душ, стекающий на прозрачный
Ящик.

Отрывая глаза от линий,
Горизонт замыкает синий
Свод, который не захватили
Шпили.

*****

Пленки клеить, листом шурша,
Пчел сухих обводить портреты.
Карандаш божественен, как душа.
Время, повсюду твои скелеты.

Ветер страшен менее правоты.
Кофе холодный на той ступеньке,
Где дымок прозрачен до немоты.
Сигареты и киноленты.

В сетке шарик тенью в ладони тек,
Рыбкой воздух теплый глотая ртом.
Я бы склеил заново, если б мог
Пленку выправить под листом.

*****

Выпиты были в долг
Сны. На глазах — шелк.
Неизвестно, как шел,
Солнца жег.
А теперь бежит волна
На песок.
И не стало сна,
Мой дружок.
Только песенка нежна. И грустна.
Допою ее тихонько. До дна.

*****

Собираясь ночью из Рио,
Водил по стеклу, сиротливо
Бросая за плёнку дождя
Дробное детское: «Зря».

В окне расходились по странам
Юбки и крылья. Туманы,
Косея от женщин и самбы,
Ложились на лайнеры: «Нам бы...»

Вылетая ночью из Рио,
Про дом ему говорила.
И пальцем по векам водила
Волшебная грустная сила.

И букетами рдеющих роз
Убегала от взлетных полос.

*****

Заяц предназначен прыжку.
Я стул ношу.
А прижмет – пишу.

Закусываю наспех и не всегда.
В рукавах года.
Зачеркнул один, прибавляешь – два.

Пусть коленку разбив, кривишь

Не портрет, а душу.
И чашу не отличишь
Коленную от пирушной.

Но боль задувая в медь,
И дым выпуская вверх.
Хочется досмотреть
Про себя и всех.

*****

Все утра проходили мимо,
Но жизнь держалась.
Застряла на губах, как имя,
И не сказалось.

Как день оставленный на годы
В пустых журналах.
Как за окном чужие своды
Чужих кварталов.

Как шаг не сделанный навстречу,
Как кость в тарелке.
Как ветром пущенная в вечер
Тоска на стрелке.

Как дым, увиденный туманом,
Забытым братом.
Лежала жизнь на дне кармана
Измятой картой.

*****

День плывет,
Как ладонь в живот.
Парочки у воды
Прогуливаются. И ты
В песке, как усталый кит,
Изучаешь вид.

Одиноким идут очки.
Барышням кофты. Весне – грачи.
И ты, весь год, как не плачь,
Не снимаешь плащ.
А крови прилив весной,
Как морской.

Ракушку приложи. И пусть
Тоска из уха переползает в грудь.

*****

Ты радуешься ночи, как повтору.
Замедленному кадру. Полосе,
Скользящей тенью по плечу
любимой,
Доставшемуся свету. В коридоре
Разбита лампа. Голые ступени

Хотели бы укрыться, но к весне
Все шубы представляют половину
Не лучшую. И острые колени
Последним светом падают в окно.
Их жалко.

*****

Если ты, опасаясь глаза прикрыть,
Делишь окружности на часы,
Если ночь на хроме своих колес
Отмечает, что не сбылось;
Если яблоко, боль пропуская под
Воспаленный плод,
Переносит буквы на строчки лет,
А сюжета нет, —
Нет, и не трать на него букварь,
Ночи пульс загоняя в лед.
Пусть никто не вспомнит и не
найдет
Ни аптеку, ни улицу. Ни фонарь.

*****

Сосуд экономит на тишине.
Звук не любит форм. И во мне
Каждый забытый тобою вздох
Начинает слог.

Память выкручивает рукав.
Стекла пар превратил в доску,
Буквы разбрасывая. И взмах
Кисти опаздывает на пустоту.

Факт твоего бытия из раскрытых лент
Вызывает в море восторгов рябь.
Я с трудом добираюсь вплавь
В точку, где повторений нет.

Спина дней

В эту спину вложено столько рук,
Что массаж не имеет прав.
Если тронуть её с утра,
К ночи не соберу
Ни единой линии, как песок
Не запомнит за день сходящих волн.
Столько пен принимая ртом,
Не до пары уставших ног.
Что слова твои, что права
Перед долгим потоком тел.
Раздвигаются, как предел,
Наклоняются, как трава.

*****

Каплей, выдернутой из света,
Тенью брызнувшею от сетки,

Ночь опрокидывая, срывая
Крышку с рассыпанной пудрой
Краски, сахар помешивая, до края
Чашки, выплеснутой под утро,

Звездам течь, отпевая горло
Песни, выуженной из блюдца.
То ли ночи жалея шелка,
То ль отказываясь проснуться.

*****

Автомобиль сохраняет верность
Тому кювету,
Который возит.
И по сюжету –
Не бросит.

Тушь под глазами в чем-то –
Твои озера,
Время в которых стало.
И для повтора,
Память заводит лодку,
Куда попало.

Все безмятежности,

Свойства натуры ранней,
Кончаются странно.
Свет покидает глаз
Быстрее экрана.

Трещины в стенах помнят
Рисунок кожи.
Линии совпадают.
Пустоты – тоже.

*****

На столе рюкзак
Старых камер
Эпохи пленки.
Когда девчонки
Лежали, как камень,
Под который вода не текла.
Никак.
Давайте, дышите
В свои гитары,
Выплетая волосы
Из струны.
То ли сны
По голосу

Узнавали,
То ли мы,
Прорастали,
В сны.

Дураку простится и соль, и рана
Перед троном и на балу.
Песни каплями по стакану,
Время – камушком по стеклу.

*****

Я шарик отпустил. Закрыл окно.
Смотрел на небо, упираясь в ветки,
И вечер пропустил. Пока темно
На улице не сделалось. Как в клетке
У окна. Глаза слезились. От горизонта,
Сумерек, быть может, от дыма.
Хотелось чаю. Оставалась водка,
Что проще, но вообще, сопоставимо.
Луна тянулась к коврику, как жизнь
К душе. Но пес не караулил ни сна,
Ни расстояний. Только мысль
Пугалась, что останется одна.

Парус

Из облака сползал закат.
И отвратительного вида
Рука держала циферблат.
Висела рыба, в виде рыбы.

Из берега торчала кость,
И корабли кривили спины.
Абсцисса, голая, как ось,
Уже была наполовину

В воде. Дежурная стрела
Стучала в склянки. Вечерело.
Как тень огромного крыла,
Лежало тело, в виде тела.

И парус.

*****

Переполняясь красным,
Кривит железным ртом.
И загоняет сразу
Улицу в тесный дом.

Бьет светофор в бока лапой,
Пялит по углам стекол блюдца.
Гневным мир, попирая храпом,
Поскуливая от грусти.

Мне давно он был денег должен,
Взял взаймы городов карту.
И бежал с любимой по мосту кошек,
Словно жизнь мою прожил.
В красном.

Содержание